私は世界を、無知の大海と知識の小島だと見ています。

——ビル・ジェイムズ

"My view on the world is we have an ocean of ignorance and a small island of knowledge."

https://www.techtimes.com/articles/68448/20150714/1-godfather-baseball-sabermetrics-bill-james.htm

はじめに

セイバーメトリクスとは、アメリカで発達し近年日本でも注目され始めた**野球についての客観的な知見の探求**のことです。

メジャーリーグではプロ野球経験者ではないハーバード卒のエリートや MBA、弁護士といった人たちがセイバーメトリクスを駆使して科学的かつ合理的な球団の運営を行うことが当たり前になっています。また、数理的な観点からの分析やコラムがインターネット上に数多く存在し、それを一般的なファンが楽しむことも活発に行われています。日本でも近年では成績欄に OPS や WHIP といった指標が並ぶ機会が増えてきました。これらの指標を生み出したのがセイバーメトリクスです。

セイバーメトリクスはロジックとデータを武器に野球に関する従来の常識を次々に覆し、新たな知見を発掘しています。例えば次のようなことが主張されてきました。

・送りバントや盗塁は確実に点を取るために有効な手段ではない。
・敬遠はほとんどの場合で守備側に不利な選択である。
・勝負強い打者は存在しない。
・打順の違いは得点にほとんど影響を与えない。
・打者は 20 代で能力のピークを迎える。
・打率や打点は打者の評価指標として適切ではない。
・チームの得点数は安打や四球を組み合わせた簡単な式で正確に予測することができる。
・「打たせて取るピッチング」は存在しない。
・守備力の影響は打撃力の影響よりも小さい。
・走・攻・守含めた選手の貢献度は、具体的に数値化することができる。

やや極端に表現している部分はあるものの、従来の常識からすればどれも刺激的で興味深い知見です。これまでの経験を否定するような結論も出てくるため賛否両論を招くことも多いセイバーメトリクスですが、いずれにせよその議論の中身を知らなければ結論について是非を論じることもできません。

本書の目的はセイバーメトリクスを基本から読み解き、その内容や思考方法の理解を手助けすることです。メジャーリーグのチームを動かしているゼネラルマネージャー（GM）がどんな理論に立脚しているのか、そのような理論を発明した分析家たちがどのような思考をたどったのか、それらをきちんと納得できるかたちで掴んでいただくことです。

なお、セイバーメトリクスの説明というと、とかく OPS や WHIP などの指標の羅列となりがちです。本書においてもどうしてもそういった指標はたくさん登場するのですが、どちらかというとそういった指標が成り立つ背景や野球の一般的な原理についての考え方を大切にしたいと考えます。というのも、**基礎となっている考え方さえわかれば個々の指標を理解するのはそれほど大変ではないですし、逆に基礎となる考え方を知らずに指標の計算式だけを覚えても意味がないからです。**書籍やウェブサイトで指標の解説をしたものは多くあるものの一般的な理論に関する分析やメジャーリーグの分析界でこれまでに蓄積されてきた議論の整理をしているものがこれまでにあまりないというのが本書を執筆した動機です。

大げさな言い方にはなりますが、本書でセイバーメトリクスの説明を通じて成し遂げたいのは、客観的なデータを通じて野球を見ることにより、野球の世界のこれまでにない見え方を提供することです。**大切なのは、細かい数字を操作して理屈を並べることではありません。客観的なデータとロジックという強力な道具を駆使して、野球の世界を新しい目線で見直して再発見することなのです。**

データを少しいじった程度でこれまでプロ経験者など専門家が築き上げてきた常識を覆せると考えるのは尊大とも言われますが、野球にはまだまだ私たちの知らない側面があり、そのことを謙虚に受け止めてこれまでと違うやり方で探求することによって新たな野球の見方や魅力を引き出せる、そう考えるほうが夢があると言えないでしょうか。つまり、本書で目指すのは野球の面白さの再発見でもあります。

　なお、セイバーメトリクスは数字で色々発見を示してくれますが、他方で数字至上主義、**「数字でなんでも説明できる」という考え方とは全く異なり、むしろ対極にあります。**というのもセイバーメトリクスは「従来用いられてきた打率では得点への貢献を適切に測れない」といったように「誤った数字の使い方」への批判から出発しているものであり、数字から何が言えるかと同じかそれ以上に「その数字からは何が言えないか」を真摯に検討するものだからです。

　分析にあたっては統計学の考え方を背景としますから、十分な量のデータがなければ主張の根拠とすることができないという点も重要です。試合の実況では満塁時の成績が5打数3安打であることをもって「満塁に強い打者だ」ということを言ったりしますが、セイバーメトリクスではたった5打数のデータからは打者の能力や傾向はわからないと考えます。

　ともすると、セイバーメトリクスを知るとなんでもかんでも数字で考えるようになって野球がつまらなくなるのではないかと感じている方もおられるかもしれませんが、**セイバーメトリクスを知るからこそ不必要に数字に惑わされなくなり、数字に振り回されずに野球を楽しめるようになる**のです。

セイバーメトリクスを理解するため、本書では 3 つのステップをたどっていきます。

①まず、そもそもセイバーメトリクスとは何か、その基本的な思考方法や分析の手法について説明します。

②次に盗塁やバントは有効なのか、勝負強い打者は存在するのか、といった野球に関する一般的な原理や戦術についてセイバーメトリクスの議論を紹介します。

③最後に個別の選手の貢献度及び能力の評価について考えます。

　これらの内容をおさえれば、現在主流となっているセイバーメトリクスの考え方やそこから得られる知識についてはほとんど全体をカバーすることになります。セイバーメトリクスの中身を理解すれば OPS などの数字を見るのはこれまでよりずっと楽しくなりますし、何より野球を見る面白さも広がるでしょう。

　第一章は分析を行うための下準備になりますので先に読んでいただくとその後がわかりやすいですが、先に気になる内容から入ってその根拠として第一章を確認するかたちで読むこともできます。また、第二章と第三章はどちらから読んでいただいても構いません。

蛭川 皓平

セイバーメトリクス入門

脱常識で野球を科学する

目次

第三章　選手評価論

第一章

セイバーメトリクスの基礎

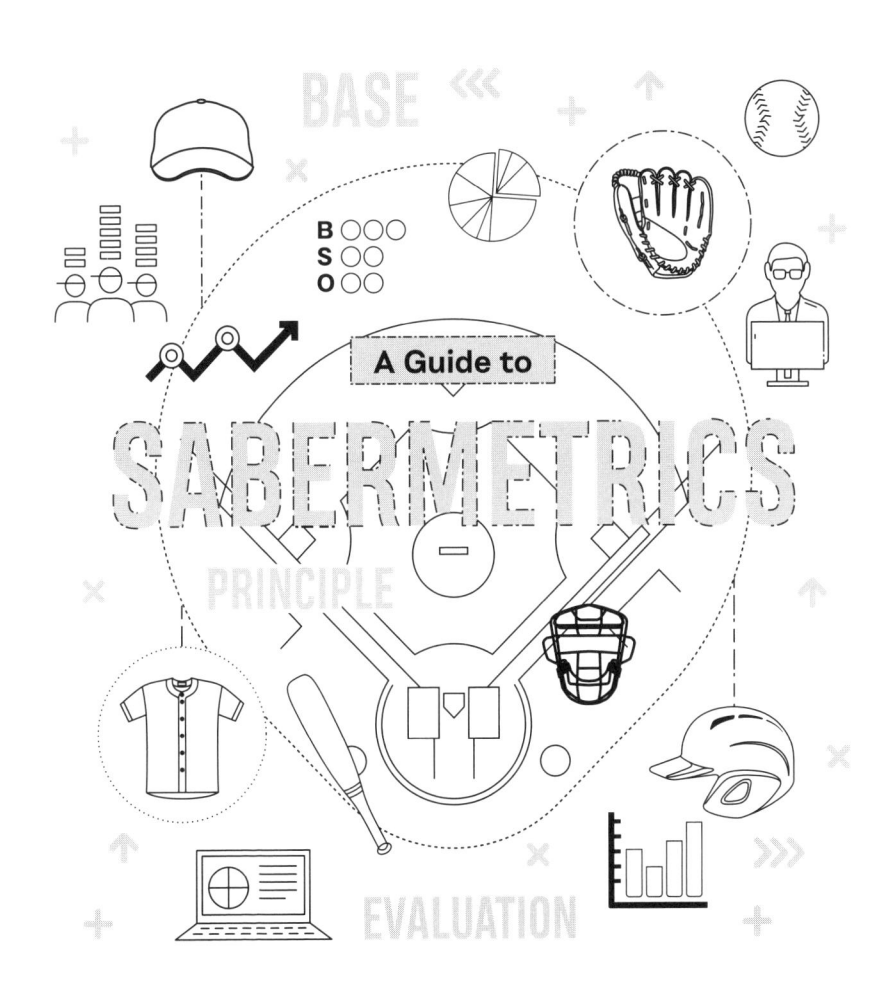

第一節　セイバーメトリクスの歴史

1．セイバーメトリクスの始祖ビル・ジェイムズ

（1）セイバーメトリクスの誕生とビル・ジェイムズ

　セイバーメトリクスとは、野球についての客観的な知見の探究です。野球に客観的に接近するにあたっては、ゼロベースの思考と、データ及び統計学が大きな武器となります。まずはセイバーメトリクスの歴史を簡単にたどることで、それがどういうことなのかという概要を見ていきましょう。

　セイバーメトリクスが厳密にいつ誕生したのかは難しい問題ですが、1960 年代や 70 年代に今日のセイバーメトリクスの萌芽と言えるような論文や書籍が出始めました。ジョージ・リンゼイは1960 年前後にオペレーションズ・リサーチという数理的な学問分野の手法を野球にあてはめることで戦術の合理性を分析する論文を発表しています。

　そして歴史の転換点となったのが、ビル・ジェイムズが 1977 年に野球をデータから分析する『ベースボール・アブストラクト』という書籍を自費出版したことです。ジェイムズはこの書籍をシリーズで何冊も出していくのですが、この「アブストラクト」において数々の画期的な分析手法・理論が提唱され、だんだんと評判になっていきました。そうした理論が現在のセイバーメトリクスの直接の基礎になっています。何を隠そうジェイムズこそが野球の客観的な研究をセイバーメトリクスと名付けた人物であり、そういった意味でもジェイムズがセイバーメトリクスの生みの親なり始祖と呼ばれることが多いです。ちなみにセイバーメトリクスというのは

アメリカ野球学会を意味する SABR（Society for American Baseball Research）と測定を意味する metrics を組み合わせた造語です。

ジェイムズが「アブストラクト」で世に問うた理論や問題提起は本当に多岐にわたるのですが、ここでは RC（Runs Created）とレンジファクターの2点を紹介しましょう。

（2）得点の仕組みを解明する

まず、RC は次の式によりチームの得点数を予測することのできる計算式です。"Runs Created" というのは「創出された得点」という意味になります。

$$\mathbf{RC} = （安打＋四球）×塁打÷（打数＋四球）$$
※塁打＝1×単打＋2×二塁打＋3×三塁打＋4×本塁打

簡単な式ですが、この式でチームの得点は高い精度で予測でき、実際の得点数のおおむね9割が説明できます。一体それがなんなのだと思われるかもしれませんが、よく見ると RC の式には盗塁もバントも入っていませんし、安打が得点圏で出たものなのか、何番打者が打ったものなのかといった細かい情報も入っていません。単に出塁率に進塁を掛け合わせたような式です。それで得点の9割が説明できるということは、要するに出塁や長打がどれだけ多いかが重要なのであって、それ以外の要素は得点の創出にあまり大きな影響を与えないということが推論できます。**野球において得点はどのように生まれるのかという構造を考える上で、RC の計算式は極めて示唆に富むものです。**

それだけ精度が高いのですから、例えば球団編成部がチームの得点力を上げようと考えるときに RC の式を無視するわけにはいきません。あるいはファンが贔屓チームの攻撃力を分析するにあたって

も、出塁と長打がどれだけ多いのかという観点が重要になることがわかります。

　また、この式を打者の打撃成績にあてはめれば**個別の打者を「生み出した得点」という観点から評価することができます**。この意味は大変に重要です。というのも、一般的に打者の打撃成績ランキングは打率が高い順に並んでいますが、ジェイムズはこれをナンセンスだと考えます。言われてみればそれはそうで、**試合に勝つために打者が行うべき仕事は多くの安打を打つことではなく 27 個のアウトを奪われるまでにできるだけ多くの得点を生み出すこと**なのですから、RC によって打者を創出した得点で評価できるようになったということは大きな視点の転換であり実用的な意味でも有益です。

　点数の評価なら打点を使えばいいと思われるかもしれませんが、打点は打席に入ったときに走者がいる機会が多かったかというチームメイトのパフォーマンスに左右される要因を多く含むため、その打者の「得点創出力」をうまく表すことができません。なお、RC についてはのちに計算がもっと細かい派生バージョンが作られ、進化が続いています。これについては第三章で改めて紹介します。

　（3）守備評価のパラダイムシフト

　ジェイムズによるもうひとつの重要な発明がレンジファクターです。これは守備を客観的なアウト獲得という成果から評価するもので、計算式としては 9 イニングあたりの刺殺・補殺を表します。

$$\textbf{レンジファクター（RF）} = 9 \times \frac{刺殺 ＋ 補殺}{イニング}$$

　刺殺というのはフライを捕球したりランナーにタッチしたりして最終的にアウトを成立させることで、補殺（"捕"殺ではありません）は最終的にアウトを成立させる選手に送球したりして刺殺を補った

ときに野手に記録されるものです。簡単に言えば外野手がフライを
アウトにすれば刺殺が、内野手がゴロを一塁手に送球してアウトに
すれば補殺が成立すると考えていいでしょう。したがって**レンジ
ファクターは単純に言えば野手がアウトを多く獲得するほど高く評
価される指標です。**

　守備の評価と言えば従来は「肩が強い」「守備範囲が広い」「一歩
目が速い」「捕ってから投げるまでが速い」といった動きの観察に
よる評価に頼るのが普通でした。しかし、これらは主観的な判断に
よるものであって、見る人によって評価が異なります。これでは客
観的に分析をするセイバーメトリクスにはなりません。

　また何よりも、打撃であればきれいなフォームであれ独特な
フォームであれヒットやホームランを打ったことが評価されるのに
対して、守備における動きの良さというのは打撃でいうところの
フォームのきれいさであり、ヒットに相当する成果ではありません。
たしかに失策数という数値的な評価もあるにはありますが、この数
字も記録員の主観的な判断に左右されるのに加え、守備を失策数で
評価する限りいくら積極的に多くアウトをとっても評価されないと
いう問題があります。

　これに対してレンジファクターは、どんな内容であれアウトを多
くとればそれを加点的に評価する指標です。プレーの「うまさ」で
はなくアウトが成立したかを数えればいいだけですから、主観にも
左右されません。レンジファクターであれば守備を客観的に、かつ
成果にもとづいて定量的に評価することができます。野手がアウト
を多くとればそれだけ失点を防ぐことができ、勝利の可能性が高ま
るのですから、守備の評価を主観的な観察や失策数ではなくレンジ
ファクターに置き換えたというのはこれもまた極めて重要な視点の
転換と言えます。

　こうしたジェイムズによる画期的なアイデアが評判を呼び、セイ

バーメトリクスは一部のマニアの間で少しずつ広まっていきました。ちなみに、ジェイムズ自身は元プロ野球選手などではなく、大学院で経済学を学んだ後、工場の夜間警備の仕事をしながら、仕事の合間の暇な時間にデータを分析して本を書いたと言われています。野球のプロでも専門的な統計学者でもない人物が世界にこのような影響を与えたというのは興味深いところです。

2. アスレチックスの快進撃とマネー・ボール

ビル・ジェイムズ以後、ほんの少しずつながらセイバーメトリクスは広がっていき、特に一般家庭にパソコンやインターネットが普及した 2000 年前後に大きく広まることとなります。誰もがパソコンでデータを分析できるようになり、それをネット上で発表し、意見を交換することができるようになったためと推測されます。この頃にはネット上にセイバーメトリクス系のウェブサイトができたり、愛好家同士が意見を交換するフォーラムができたりして、選手の評価やセオリーに関する分析が急速に発展しました。データの取得・分析を専門とする企業といったものも生まれています。

そしてこの頃に**セイバーメトリクスを実際の球団運営に取り入れて、貧乏球団ながら快進撃を成し遂げたのがメジャーリーグのオークランド・アスレチックスです**。アスレチックスは打率に四死球での出塁を加えた指標である出塁率が得点の増加に極めて重要でありながら一般的に評価されていない事実に注目し、出塁率の高い選手を安く集めることで効率的に勝利を稼ぎました。さらに「守備は打撃より重要でない」とか「バント・盗塁は有効でない」といったセイバーメトリクスの理論も活用しています。

このアスレチックスの球団運営や背景にあるセイバーメトリクス

の理論、ビリー・ビーン GM の人生などを描いて大ヒットしたノンフィクション小説がマイケル・ルイスの『マネー・ボール』です。『マネー・ボール』にはセイバーメトリクスの考え方がわかりやすく書かれており、従来の評価尺度で認められなかった選手たちが新たな活躍の場を得て躍動する人間ドラマも感動を呼ぶ書籍となっています。後年、俳優のブラッド・ピット主演で映画化もされました。セイバーメトリクスの歴史において非常に重要な存在です。

　セイバーメトリクスの知名度を大きく高めた『マネー・ボール』ですが、セイバーメトリクスが従来の常識に反する主張を多くしているため、これまでの常識を信じる人々から強い反発を買うことにもなりました。打率が重要でないとかバントや盗塁が有効でないというのはどうしても腑に落ちない人もいるもので、こうした対立は「新思考派と旧思考派の対立」と言われたり「ベースボール宗教戦争」と言われたり、大きな問題となっています。現在でも折に触れて顔を出す問題です。

　いずれにせよ良くも悪くもセイバーメトリクスはその存在感を強めることになり、現在ではメジャーリーグの球団は GM がセイバーメトリクスの理論を知っているのはもちろん、球団内部に分析家のチームを抱えることが当たり前になっています。夜中の工場で一人研究をしていたビル・ジェイムズも、後にボストン・レッドソックスに上級コンサルタントとして雇われています。

　以上のような紆余曲折を経て現在のセイバーメトリクスは、普通の野球ファンが内容を熟知するほどの浸透はしていないものの、そういう分野もあるということで一定の地位を築いています。日本でもセイバーメトリクスの書籍が発売されたり、野球雑誌でセイバーメトリクスの特集が組まれたりといったことは珍しい光景ではなくなりました。

Column　総理大臣はセイバリスト？

> セイバーメトリクスについて研究をしたり分析を行ったりする人のことをセイバリストあるいはセイバーメトリシャンなどと言いますが、日本の歴代総理大臣の中にはセイバリストがいます。第93代内閣総理大臣の鳩山由紀夫氏です。鳩山氏は1979年に「野球のOR」と題する論文を発表しており、草創期の研究者であるジョージ・リンゼイらの論文を引用しつつ野球の数理的な分析を行っています。これはビル・ジェイムズがまだ有名になる前のことであり、日本におけるセイバーメトリクスにまつわる業績としては先駆的です。

第二節　セイバーメトリクス思考の三原則

１．三つの重要な思考方法

　セイバーメトリクスの歴史的な流れをビル・ジェイムズとマネー・ボールを軸にしておおまかに見てきました。ここからは基礎的な分析道具を導入して実際の分析に入っていきたいと思いますが、頭の整理として、セイバーメトリクスで重要となる思考様式を３つに絞ってまとめておきます。セイバーメトリクスを知るにあたってはこうした思考様式が重要となり、これは続く分析でも折に触れて出てきます。

〔セイバーメトリクス思考の三原則〕
① 従来の常識に縛られず図式を根本から捉え直す
② 主観に頼らず客観的な事実にもとづいて考える
③ 定量的に考える

2．常識に縛られない

　まず何より重要なのは、**従来の常識や経験則に縛られずに根本的に物事の仕組みを捉え直す**ということです。打者のランキングが打率順に並んでいることに疑問に持たなければ RC の発明はなかったでしょう。

　野球のルールには別に「打率が高い打者ほど優秀だ」などとは書いてありません。試合の目的は相手チームよりも多くの得点を挙げて勝利することです（これは野球規則に書いてあります）。その図式をゼロから考えたときに、打者に求められる仕事は打率を上げることではなく得点を増やすことです。

　1 番打者がヒットで出塁したときに 2 番打者がバントをするのもこれまでは当たり前に言われてきた「セオリー」ですが、それが本当に勝利のために有効なのかどうか、そのことを問う必要があります。疑ってみて分析をして結局経験則が正しかったという結論が出たとしても、それはそれで意味があるのです。

　従来の常識を疑い、ゼロベースで物事の本質を考える。これはセイバーメトリクスにとって最も重要なことと言えます。

3．客観的な事実を重視する

次に、問題を検討するにあたっては**主観に頼らずに客観的な事実にもとづいて考える**ことがセイバーメトリクスの鉄則です。レンジファクターの発明で言えば、それまで守備は「動きが速い」とか「送球が正確」といった主観的な判断で評価されてきました。しかしそれでは人によって評価が違ってきますし、結局誰の評価が正しいのかもわかりません。

そこで客観的に確認できる事実と論理的な推論を積み上げることで、「誰が優れた守備者なのか」といった問題にアプローチしていくのがレンジファクターであり、セイバーメトリクスです。従来の常識を疑うのと同じように主観を疑ってみる、というのも新たな気づきの契機になります。

現に、数字で守備を評価する場合と感覚的な評価とではかなり結果が食い違うことが知られています。主観的な評価だとどうしても名手というイメージの選手や見た目の動きが滑らかな選手が良く見えてしまいますが、一見動きがスムーズでなくとも優れた脚力によってアウトを多く獲得している選手もいます。アウトはアウトでありそれがチームの勝利への貢献になるのですから、主観に惑わされずに客観的な事実を見ることは大切です。

主観に頼らずにデータを見ると言うと何か人間性を否定することのように思われがちですがそうではなく、日常生活で正確な長さを測るために目測ではなく定規を使ったり、経験したことを忘れないようにメモを残したりするようなものだと言えます。データというのは経験を記録し整理するものにほかなりません。個人の感覚や記憶には偏りが生じやすいし容量に限界もある。だから有用な道具を使おうということです。数字を扱うことがセイバーメトリクスの目的なのではなく、主眼は野球の本質を見直すことにあります。統計

はそのためのツールにすぎません。

4．定量的に考える

　客観的な事実を評価する際に重要になるのが定量的に考えるということです。**物事の「程度」を大切にする**こととも言い換えられます。

　ある事柄について議論する際、「程度」の問題を無視して極論に走ってしまうと水掛け論になりやすくなります。例えば、打率は四死球や長打を考慮しませんから、RC に比べれば得点との結びつきが弱い指標です。打者の得点への貢献度を評価する指標としてはRC の方が打率よりも優れているわけです。そこで、では打率が全く使えない指標かと言えばそんなことはありません。もしデータの制約によって指標が打率しか使えないのであれば、打率を目安に得点力を考えることにも「ある程度」の意味はあります。また、RCが完璧な指標だというわけでもありません。具体的には RC は得点の 9 割を説明でき、打率は得点の 7 割を説明できる、そういう「程度の違い」があるだけです。「打率よりも RC の方が有用だ」「では打率には何の意味もなく RC が 100% 完璧だというのか」といった水掛け論のような議論を避けるためにも定量的に考える視点が重要になります。

　また、原則と例外を見失わないようにするというのも大切です。本書では送りバントが思ったほど有効な戦術ではないといった分析も出てきますが、それは原則的な場合の話であって、例外的なケースもあるはずです。しかし「例外的なケースもある」ということを強調するあまり原則を軽んじると、多くのケースで判断を誤ることになります。仮にバントが有効でないケースが 80% で、例外的に有効な場合が 20% あるとして、毎回毎回「ここは例外かもしれない」

と思ってバントを選択していたら 80% の部分で誤ってしまうというわけです。

　さらに「程度」を大切にする姿勢は「数字から何が言えて何が言えないか」を慎重に考えるという態度にも繋がります。セイバーメトリクスはよく「数字信仰」だとか「実際のプレーを軽んじて机上の理論で何でも説明できると思い込んでいる」といった批判を受けますが、**そもそもセイバーメトリクスは数字で何でもわかるとか、何もかもを数字で説明しようとするものではありません**。たしかに的外れな分析も時には発表されますが、打率では得点をうまく説明できないとか、失策数では守備をうまく評価できないといったふうに「この数字からこういったことは言えない」ということを積極的に検討します。つまり、**セイバーメトリクスは数字から何が言えるかと同じか、それ以上に「数字から何が言えないか」という数字の限界を明らかにする研究でもあります**。セイバーメトリクスが問題にするのはデータでない直感やひらめきというより、不適切なデータの扱いです。こうした態度は数字至上主義といったものとはむしろ対極にあると言っていいでしょう。

Column　ID 野球とセイバーメトリクスの違い

　データを使って分析をすると言うとかつて野村ヤクルトで注目されたいわゆる「ID 野球」と同じようなものかと言われることがあります。しかし一般的に言われている ID 野球は野村克也監督の野球観や配球論が前提にあり、それを実践するために詳細なデータを利用するものでした。これに対してセイバーメトリクスは、そのような経験則に基づく理論がそもそも有効かという視点で考えるものであり、方向性は根本的に異なります。

第三節　分析の基礎的な道具

1．野球版ピタゴラスの定理

　ここからは具体的な理論の説明に入っていきます。第二章・第三章で行う分析の下準備にあたる基礎理論です。

　まず、セイバーメトリクスを知るにあたり欠かすことのできない数式がビル・ジェイムズの開発した**ピタゴラス勝率（野球版ピタゴラスの定理）**です。RC やレンジファクターと同じく初期の発明ですが、現在でも非常に重要な概念となっています。

$$\text{ピタゴラス勝率}=得点^2 \div (得点^2 + 失点^2)$$

　この式が何をするものなのかといえば「**チームの得点数と失点数から統計的に妥当な勝率を算出する計算式**」です。式の見た目がピタゴラスの定理（$a^2+b^2=c^2$）に似ていることからこうした名前になっています。

　このピタゴラス勝率は簡単な式ながら高い精度を誇ります。過去のプロ野球のデータにあてはめて実際の勝率との一致を確認しておきましょう。図 1-3-1 は 1950 年から 2018 年までの延べ 843 チームを対象にピタゴラス勝率と実際の勝率の対応を示した散布図です。

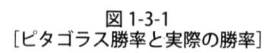

図 1-3-1
［ピタゴラス勝率と実際の勝率］

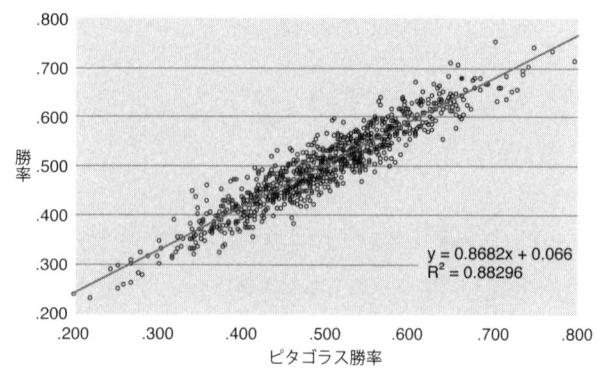

　散布図上の点の分布が右肩上がりになっていることから、ピタゴラス勝率が高いチームは実際の勝率が高く、逆もまた然りであることがわかります。ピタゴラス勝率で年間の勝率の約9割を説明できます。

　ピタゴラス勝率の重要性は、それが私たちに試合の目的を考えるにあたっての数理的なモデルを提供することにあります。

　漠然と考えると、試合において大切だと言われることは色々あります。甘い球を見逃さないとか、バントを確実に決めるとか、シュート回転しないストレートを投げるといったことはいずれもよく言われます。しかし当然ながらこれらは試合の目的ではありません。試合の目的は勝利することであり、その勝利は得点と失点によって決まります。したがって選手はできるだけ得点を増やし、失点を減らすことが果たすべき仕事になります。高い打率やきれいなストレートは、それが得点と失点に結びつくから意味があるのであり、この点がゼロベースで再検討されるべきです。セイバーメトリクスの三原則で挙げた「図式を捉え直す」の部分です。

　仰々しく数式を提示しなくてもそんなことは当たり前だと思われ

るかもしれませんが、必ずしもそうではありません。例えばある国際大会の際、テレビで野球解説者が「日本は打者のパワーではアメリカにかなわないのだから、バントや盗塁を中心としたスモールベースボールで臨むべきだ」と言っているのを耳にしたことがあります。

　一見もっともらしいですが、冷静に考えればアメリカの打者のパワーは日本にとっては失点に関わる問題に過ぎず、日本チームがどのような攻撃のスタイルを採用すべきかとは全く関係がないことです。スモールベースボールを採用して得点が増えるなら採用すべきですし、仮にアメリカにはかなわないとしても強打者を並べて打たせた方が日本の得点の見込みが高いなら採用すべきではありません。こうした議論の整理も、ピタゴラス勝率を使えば図式が明確になります。

　また「勝利は得点と失点で決まる」ということをただ言うだけなら数式を使わなくても構いませんが、それだけだと「どのくらい得点が増えたらどのくらい勝率が上がるのか」という定量的な議論をすることができません。ピタゴラス勝率を使えば得点が 20 点増えたら勝率がどれだけ上がるかを具体的に知ることができますから、例えば戦略的な選択肢の有効性などを量的に評価することができます。もちろんピタゴラス勝率で実際の勝率の 100% が説明できるわけではありませんが、90% というのは議論の土台にするには十分な精度です。

　RC も同様ですが、**ビル・ジェイムズの仕事の重要性はグラウンド上で起きた出来事と得点・勝利との関係を数式に落とし込んでデータと結びつけ、検証可能なかたちで提示したことにあります。**細部に改善の余地はありますが、これを基準にすることによって建設的な議論が可能になります。

2．得点期待値という度量衡

　ピタゴラス勝率によって得点と勝利がどう関係しているのかはわかりました。次に問題となるのは**具体的な個々のプレーと得点がどう関係しているか**です。

　すでに紹介したビル・ジェイムズの RC も安打や四球といったプレーの結果と創り出す得点数の関係を説明する計算式ですから、この問題に対応するための方法のひとつです。しかしジェイムズの式は（そのままでは）送りバントをしたときに得点にどんな影響があるのかといったことは分析できません。

　そこで、より直接的にプレーと得点の増減との関係を分析する道具として**得点期待値**を導入します。

　得点期待値は多くの分析において度量衡となるものであり、セイバーメトリクスの基本原則である「定量的に考える」を支える超強力なツールです。とりあえず得点期待値を使って考えてみることによって、完全ではないにしても有効な分析ができるのです。あるいは分析のとっかかりができます。

　得点期待値の使い方に馴染むのには少しだけ辛抱がいるかもしれませんが、決して難しいものではありませんし、これをきちんと理解すればセイバーメトリクスの基本はおさえたようなものですので、得点期待値の考え方はなんとか理解していただきたいと思います。

　まず定義を確認すると、得点期待値とは**特定のアウトカウント・走者状況から、そのイニングの終わりまでに見込まれる平均的な得点数**です。その状況における得点の見込みと言い換えることもできます。例えば、イニングが開始した時点の無死走者なしの状況を考えてみます。当然ながら、ここからそのイニングが無得点に終わる場合もあれば、1 点だけ入る場合もあれば、2 点、3 点と入っていく可能性もあります。プロ野球全試合のデータを集めてそうした

様々なケースの平均をとったものが「無死走者なしの得点期待値」です。ちなみに 2014 年から 2018 年までのデータでは 0.45 点になります。

　仮に先頭打者がヒットで出塁して無死一塁になったとすると、無死走者なしの状況よりも得点の見込みが高まります。無死走者なしの段階では、先頭打者がアウトになる確率も織り込んだ上で得点の見込みを考えていましたが、先頭打者が出塁すれば、アウトになる場合を含めた平均よりは得点しやすくなるからです。

　無死無走者の場合と同じように試合の結果から無死一塁が発生した数を数え、そこからイニング終了までに入った得点の合計値を発生数で割ると無死一塁の得点期待値が求められます。具体的には 0.804 点です。

　このような数字を起こり得るすべての状況について計算します。イニングにおいてあり得る状況としては、塁上の走者状況は無走者・一塁・二塁・三塁・一二塁・一三塁・二三塁・満塁の 8 種類。アウトカウントは無死・1 死・2 死の 3 種類です。合計すると両者の掛け算で 24 種類の状況について得点期待値を算出することができます。これをひとつの表にまとめたのが得点期待値表（表 1-3-1）です。

表 1-3-1
[得点期待値表（2014-2018 年）]

アウト	走者状況							
	無走者	一塁	二塁	三塁	一二塁	一三塁	二三塁	満塁
無死	.450	.804	1.071	1.285	1.386	1.693	1.860	2.103
1 死	.246	.500	.674	.917	.904	1.143	1.337	1.504
2 死	.093	.210	.317	.345	.430	.482	.524	.712

この得点期待値表は、細かく見ていくと本当にたくさんのことがわかる情報の宝庫です。

　無死無走者（.450）からヒットで一塁に出塁する（無死一塁 .804）ことは差分の .354 だけ得点の見込みを高めます。この .354 が、そのプレーの「得点の意味での価値」です。そしてこの走者が盗塁を決めると状況は無死二塁（1.071）になり .267 アップします。この盗塁の価値は .267 点であることになります。

　このように、プレーによって引き起こされた状況の変化を捉えて得点期待値表にあてはめれば、ヒットと盗塁という一見種類の異なる事象に対しても統一的な尺度から評価を与えて比較することができるようになります。この場合は無死二塁という状況を生み出すのに盗塁よりもヒットの方が得点へのインパクトがあったことがわかります。

　ここで続く打者がホームランを打つとどうなるでしょうか。状況は無死無走者の .450 に戻りますからそこだけを見ると得点期待値を .621 だけ減らしたかのようですが、本塁打によって 2 点が記録されますからその分は足し合わせます。つまり 2 － .621 で 1.379 が本塁打の価値になります。プレーによる得点の増減は一般的に次の式で表せます。

プレーによる得点期待値の増加分
＝プレー後の得点期待値－プレー前の得点期待値＋記録した得点

　そして、無死無走者から次の打者が凡退すると、得点期待値は .450 から .246 へと .204 だけ下がります。これは得点期待値的にはマイナスの価値のプレーです。

　スコアボードに載る得点はゼロから積み上げていく数字ですからマイナスの得点はあり得ませんが、得点期待値は平均的な得点の見

込みであり、いまはそれに対する増減を見ていますから、打つかもしれないという可能性を含んだ平均と比べればアウトはマイナスだということです。

　以上が得点期待値表と、ものさしとしての使い方です。ここで重要なのは、**得点期待値を使えば本塁打や盗塁といった事象（グラウンド上で起きた出来事）の得点の意味での価値を個人の価値観や感覚に頼らずに客観的に数値化できる**ことです。「やっぱりホームランバッターが並ぶと怖い」「いや盗塁こそチームに勢いを与える」「打者がアウトになっても走者が確実に進むのだからバントで得点の見込みは増えるはずだ」といった議論を感覚的に行っていてもなかなか結論は出ません。これに対して得点期待値は客観的・合理的な尺度を与えてくれます。そして得点期待値をプレーにあてはめていけば戦術を評価することも選手を評価することもできます。戦術やセオリーを検証する第二章でも、選手の貢献度を評価する第三章でも、得点期待値は大活躍します。

　なお、1点を争う接戦の終盤では、複数の得点の可能性を織り込んだ期待値よりも1点以上の点が記録される確率を扱ったほうが実態に沿う場合があるため、特定の状況から少なくとも1点以上が記録される確率を表す得点確率表が分析に用いられる場合もあります。状況の分け方など考え方は得点期待値表と同じであり、見込まれる得点の平均値ではなく1点以上が発生する確率に置き換わっている点のみが異なります。

表 1-3-2
[得点確率表（2014-2018 年）]

アウト	走者状況							
	無走者	一塁	二塁	三塁	一二塁	一三塁	二三塁	満塁
無死	25.2%	40.2%	60.3%	78.9%	60.7%	83.5%	82.8%	82.6%
1 死	14.7%	26.1%	39.4%	62.4%	41.0%	65.7%	62.5%	64.5%
2 死	6.2%	12.1%	21.6%	24.8%	22.4%	25.1%	27.1%	31.4%

３．得点価値と打撃得点

　得点期待値から派生する有用な概念が**得点価値**です。得点期待値さえ理解していればこれはもう簡単で、単打や本塁打やアウトといった事象ごとに、平均的に何点の価値があるのか、**その事象がもたらす平均的な得点期待値の増減を求めたのが得点価値**です。

　例えば同じ単打でも、得点期待値表を見る限りでは打った状況によって価値が異なります。価値が .367 のときもあれば .748 のときもあります。そうした中で単打が起こった全ての打席について得点期待値の増減を記録して平均したものが単打の得点価値となります。様々な事象について得点価値をまとめたものが表 1-3-3 です。

表 1-3-3
[事象別得点価値（2014-2018 年）]

事象	得点価値
単打	0.44
二塁打	0.77
三塁打	1.12
本塁打	1.41
凡打	-0.24
併殺打	-0.76
邪飛	-0.27
空振り三振	-0.26
見逃し三振	-0.24
四球	0.29
死球	0.30
敬遠	0.17
犠打	-0.14
犠飛	0.01
盗塁	0.13
盗塁刺	-0.41

　この得点価値の一覧も眺めているだけで面白いものです。打者の評価では軽視されがちな四球ですが、得点への影響では単打の７割近くあることがわかります。また、本塁打は単打の３倍くらい

の価値となっており、やはり長打は非常に得点を生みやすいことが統計に表れています。この得点価値を打者の成績に掛け算していけば、打撃得点（Batting Runs）という優れた打者の評価指標を直ちに計算することができます。

打撃得点 = 0.44×単打 + 0.77×二塁打 + 1.12×三塁打 + 1.41×本塁打 + 0.29×四球 + 0.30×死球 - 0.25×（打数-安打）

打撃得点は平均的な見込みに比べてその打者がどれだけ得点の増加を生み出したかを計算しますから、指標の意味を言葉で表すと「同じ打席数をリーグの平均的な打者が打つ場合に比べてどれだけチームの得点を増やしたか」となります。これはビル・ジェイムズと同じくセイバーメトリクス草創期の研究者であるジョージ・リンゼイ、ピート・パーマーらがまとめあげた評価方法で、今日でもその有用性は全く失われていません。

打撃得点は定義上、平均的な打者であればプラスマイナスゼロになります。そして平均より優れている打者であれば5とか10といった数字になります。20あれば主軸を任せられる打者であり、40を超えるようだとリーグを代表する打者といったイメージです。他方で、打力に目をつむり守備力を買われて出場している選手などはマイナスになります。

打撃得点の優れているところは、打者の貢献度を得点という有用な単位に換算して評価することができる点です。打率.250で本塁打30本と打率.330で本塁打5本とでどちらが優れているのかは従来の数字からはよくわかりません。しかし打撃得点の計算式に成績を代入すれば、すぐに得点の意味でどちらが優れているのかわかり、チームの勝利への貢献度が把握できます。まさしく野球の図式に即した定量的かつ客観的な評価であると言えるでしょう。セイ

バーメトリクスの思考様式に則った合理的な評価基準です

　2019年で言えば、オリックスの吉田正尚は打率・本塁打・打点のいわゆる打撃三部門ではタイトルを獲得していませんが打撃得点は47.5点と極めて優れた数字を残しています。これはそれだけチームの得点を増加させたということで、単なるタイトルでは見えない吉田の貢献度がよくわかります。

　なお、打撃得点のように得点価値を加重して成績を評価する手法をリニアーウェイトシステム（Linear Weights, LWTS）といいます。セイバーメトリクスの世界ではよく出てくる言葉ですので知っておいて損はありません。

表 1-3-4
［2019 年打撃得点トップテン］

セ・リーグ

順位	選手	球団	打撃得点
1	鈴木 誠也	広島	59.8
2	坂本 勇人	巨人	50.9
3	山田 哲人	ヤクルト	49.9
4	丸 佳浩	巨人	35.2
5	N・ソト	DeNA	33.2
6	筒香 嘉智	DeNA	33.1
7	D・ビシエド	中日	29.9
8	W・バレンティン	ヤクルト	29.1
9	岡本 和真	巨人	22.1
10	青木 宣親	ヤクルト	21.9

パ・リーグ

順位	選手	球団	打撃得点
1	吉田 正尚	オリックス	47.5
2	森 友哉	西武	45.2
3	山川 穂高	西武	38.6
4	J・ブラッシュ	楽天	37.3
5	浅村 栄斗	楽天	33.8
6	秋山 翔吾	西武	33.7
7	Y・グラシアル	ソフトバンク	30.8
8	中村 剛也	西武	29.8
9	近藤 健介	日本ハム	26.0
10	A・デスパイネ	ソフトバンク	25.7

　ビル・ジェイムズは優れた分析家であると同時に自分の発見を魅力的な文章にまとめて読者を惹きつけることができる執筆家でもありました。これに対して打撃得点のピート・パーマーは控えめなイメージで、自らの業績を大げさに宣伝するタイプではありません。しかしパーマーが残した分析道具は実践的で有用なものが多く、リニアーウェイトシステムは現在のセイバーメトリクスの基礎を成しています。著作として 1984 年に野球歴史家のジョン・ソーンと共同で書き上げた『ザ・ヒドゥン・ゲーム・オブ・ベースボール』はジェイムズの「アブストラクト」と並んでセイバーメトリクス初期のバイブルであり、その影響は計り知れないものがあります。

4．加重出塁率

　打撃得点は優れた打者なら打席が多いほど数字も大きくなるという意味で仕事の質だけでなく量も評価する優れた指標ですが、分析の都合上、安打数に対する打率のように「機会あたりの率」のかたちになっているほうが都合がいい場合もあります。そのために得点の生産性を打席あたりの率で見る指標として**加重出塁率**というものがあります。

　加重出塁率は、その名の通り**安打や四球に対して得点価値に応じた重みをかけて計算した出塁率**です。英語では wOBA（weighted On Base Average）で、日本でもそのまま wOBA という表記で使われることが多いです。トム・タンゴが開発しました。

　前提となる出塁率はアウトをゼロ、安打や四球の出塁を全て 1 として数えていって打席数で割ることで「打席のうちアウトにならず出塁した割合」を表します。

$$出塁率 = \frac{安打＋四球＋死球}{打数＋四球＋死球＋犠飛}$$

　これに対して加重出塁率は四球は 0.7、単打は 0.9、二塁打は 1.3 ……といったように項目に応じて加重をかけていきます。この加重の数字はそれぞれの得点価値からアウトの価値を引いて、出塁全体の重みが出塁率に合うように 1.2 前後の定数を乗じたものです。

加重出塁率（wOBA）

$$= \frac{0.7×（四球＋死球）＋0.9×単打＋1.3×二塁打＋1.6×三塁打＋2.0×本塁打}{打数＋四球＋死球＋犠飛}$$

　0.7 や 0.9 などの係数は、分析によっては 0.69 だったり 0.912 だったりと微妙な差はありますが、これは元となる得点期待値表の違いや小数点以下何桁まで使うかといった違いであり、分析結果にさしたる影響をもたらすことはないためあまり気にする必要はありません。また、分子に相手失策の出塁を含めるとか故意四球は除くとか項目の選び方も分析の内容によって変わる場合があり、正しいひとつの計算式があるわけではありません。そのときそのときの分析に合った式を使えばいいということです。

　加重出塁率の見方は単純で、値が高いほど打席あたりで生み出している得点が多いということです。スケール感は出塁率に合わせてありますから、平均的な打者の加重出塁率は .330 くらいで、4 割を超えていればリーグを代表する打者というイメージです。

表 1-3-5
[2019 年加重出塁率トップテン（300 打席以上）]

セ・リーグ

順位	選手	球団	加重出塁率
1	鈴木 誠也	広島	.446
2	坂本 勇人	巨人	.424
3	山田 哲人	ヤクルト	.418
4	W・バレンティン	ヤクルト	.400
5	N・ソト	DeNA	.394
6	筒香 嘉智	DeNA	.391
7	丸 佳浩	巨人	.390
8	D・ビシエド	中日	.384
9	X・バティスタ	広島	.384
10	青木 宣親	ヤクルト	.382

パ・リーグ

順位	選手	球団	加重出塁率
1	Y・グラシアル	ソフトバンク	.422
2	森 友哉	西武	.419
3	吉田 正尚	オリックス	.418
4	J・ブラッシュ	楽天	.409
5	山川 穂高	西武	.401
6	S・ロメロ	オリックス	.395
7	秋山 翔吾	西武	.390
8	浅村 栄斗	楽天	.387
9	中村 剛也	西武	.385
10	荻野 貴司	ロッテ	.382

　なお、加重出塁率は得点価値の考え方から導かれる指標ですから、見た目は別として評価の中身は前述の打撃得点を打席数で割ったものと等しくなります。こうした性質があるため、加重出塁率を打撃得点に変換することも容易にできます。これは加重出塁率という指標の便利なところです。加重出塁率の応用性については第三章で詳しく紹介します。

打撃得点

＝（加重出塁率－リーグ平均加重出塁率）÷1.2×（打数＋四球＋死球＋犠飛）

５．勝利確率と勝率付加値

さらに得点期待値を応用した指標として、**勝利確率（あるいは勝利期待値）** というものがあります。これは得点期待値をイニング・点差の要素にも対応するように拡張したものです。

得点期待値はアウトカウントと走者しか考慮しませんから、例えばホームランが同点の９回に出たものなのか５点差の４回に出たものなのかを区別しません。しかしその状況からチームが勝利する見込みに対する影響ということで考えると、両者は全く異なります。これを表現するのが勝利確率です。

試合開始の時点では両チームに 50% の勝利が見込まれ、点差が広がって回が進むほどに勝っているチームの勝利確率は 70%、80% と変化していきます。得点期待値の変化でプレーの価値を測ることができたように、選手がもたらした勝利確率の変化を集計していくことで、その選手がどれだけチームを勝利に近づけたかを評価することができます。そのような評価指標を**勝率付加値（Win Probability Added, WPA）** といいます。

勝率付加値（WPA）
＝各選手の「プレー後の勝利確率－プレー前の勝利確率」の合計

例えば１回裏同点無死一塁からの２ランホームランは後攻チームの勝利確率を 58.3% から 73.5% に高めます。勝率付加値の計算においては差分の 0.152 が打者に与えられます（投手の評価から減算されます）。これに対して同じ２ランでも、９回裏１点ビハインド無死一塁からの逆転サヨナラホームランは 33.4% の勝利確率を 100% に高めるため、勝率付加値の変動は 0.666 と１回のホームランの４倍以上のインパクトとなります。勝率付加値はこのよ

うにここぞという場面のダイナミズムを捉えるため「物語る数字（story stat）」であるとも言われます。

　分析で扱おうと思うとやや難しく応用編になるため本書ではあまり触れませんが、勝利確率は勝利に近づくほどに数字が上がるという意味で直感的にわかりやすいですし、うまく使えば分析ツールとしても非常に強力なものです。

表 1-3-6
［2019 年勝率付加値トップテン］

セ・リーグ打者

順位	選手	球団	勝率付加値
1	鈴木 誠也	広島	6.93
2	坂本 勇人	巨人	5.31
3	山田 哲人	ヤクルト	4.35
4	青木 宣親	ヤクルト	4.07
5	丸 佳浩	巨人	3.59
6	岡本 和真	巨人	3.47
7	W・バレンティン	ヤクルト	3.22
8	D・ビシエド	中日	3.21
9	福田 永将	中日	2.67
10	N・ソト	DeNA	2.53

セ・リーグ投手

順位	選手	球団	勝率付加値
1	藤川 球児	阪神	3.18
2	大野 雄大	中日	2.80
3	岩崎 優	阪神	2.51
4	K・ジョンソン	広島	2.51
5	山口 俊	巨人	2.36
6	今永 昇太	DeNA	2.32
7	P・ジョンソン	阪神	2.08
8	大瀬良 大地	広島	2.04
9	E・エスコバー	DeNA	1.58
10	島本 浩也	阪神	1.50

パ・リーグ打者

順位	選手	球団	勝率付加値
1	中村 剛也	西武	5.90
2	森 友哉	西武	5.69
3	吉田 正尚	オリックス	5.05
4	山川 穂高	西武	4.90
5	秋山 翔吾	西武	4.22
6	J・ブラッシュ	楽天	3.81
7	荻野 貴司	ロッテ	3.64
8	Y・グラシアル	ソフトバンク	3.59
9	浅村 栄斗	楽天	3.50
10	A・デスパイネ	ソフトバンク	3.40

パ・リーグ投手

順位	選手	球団	勝率付加値
1	山本 由伸	オリックス	3.61
2	千賀 滉大	ソフトバンク	2.97
3	益田 直也	ロッテ	2.56
4	森 唯斗	ソフトバンク	2.43
5	B・ディクソン	オリックス	2.27
6	L・モイネロ	ソフトバンク	2.12
7	森原 康平	楽天	1.98
8	有原 航平	日本ハム	1.86
9	増田 達至	西武	1.77
10	嘉弥真 新也	ソフトバンク	1.77

Column　氾濫するアルファベット

　セイバーメトリクスは事実上アメリカを中心として発達したものを輸入しており、指標の名前は RC や OPS、wOBA など大抵アルファベット 2 〜 4 文字のものが日本でも使われています。本書は日本の入門レベルの読者にセイバーメトリクスの内容に親しんでもらうことを目的としており、アルファベットや英語の理解のしづらさでつまずかないよう適宜日本語を割り当てることとします。ただしアルファベット表記のデータサイトなどを見る際困らないよう「加重出塁率（wOBA）」といったかたちでなるべく日本語とアルファベットを併記します。登場する指標は巻末の用語解説にまとめておきますので、途中で内容を思い出したいときはご覧いただけると幸いです。

6．分析の見取り図

　第一章の要点をまとめましょう。野球の試合の目的は勝利ですから、プレーの価値はそれがどれだけ勝利に有効かという観点から評価するべきです。勝敗は得点と失点によって決まり、それらの関係が具体的にどのような図式になっているかはピタゴラス勝率によって把握することができます。さらに、安打や盗塁などの個々のプレーが得点とどう関係しているかは得点期待値表により具体的に把握することができます。結局のところ、得点期待値とピタゴラス勝率を繋げて考えることによって、プレーがどのように勝利に影響を与えているかを評価することができるというわけです。これがセイバーメトリクスによる戦術や選手の評価の考え方の土台です。

　もちろんこうした考え方は前述の三原則をおさえています。ピタゴラス勝率は勝利のための図式を従来のセオリーを一旦脇に置いてゼロから説明するものですし、得点期待値と合わせて、定量的な議論を可能にするツールです。

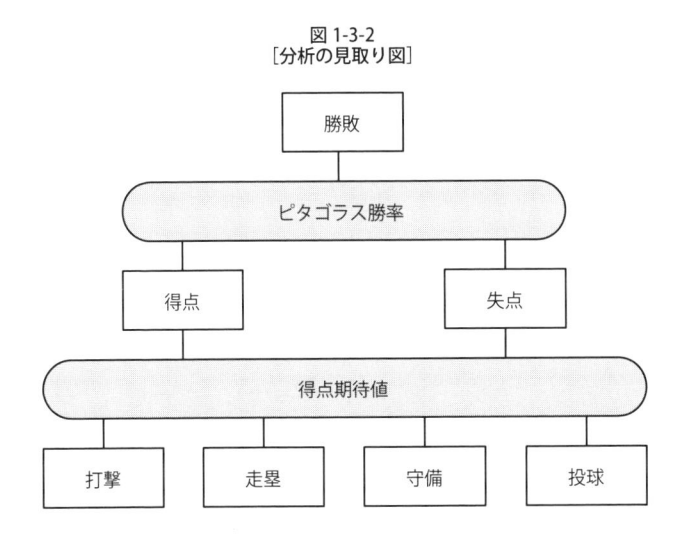

図 1-3-2
［分析の見取り図］

またピタゴラス勝率は単なる主観的なひらめきによる式ではなくその妥当性は過去のデータから客観的に確認できるものであり、得点期待値が事象に与える加重も個人的な好き嫌いや感覚には左右されないものです。ピタゴラス勝率と得点期待値を使えば、ある戦術や選手がどれだけ勝利に有効かという問題を客観的かつ定量的に分析できます。

第二章

野球の一般的原理

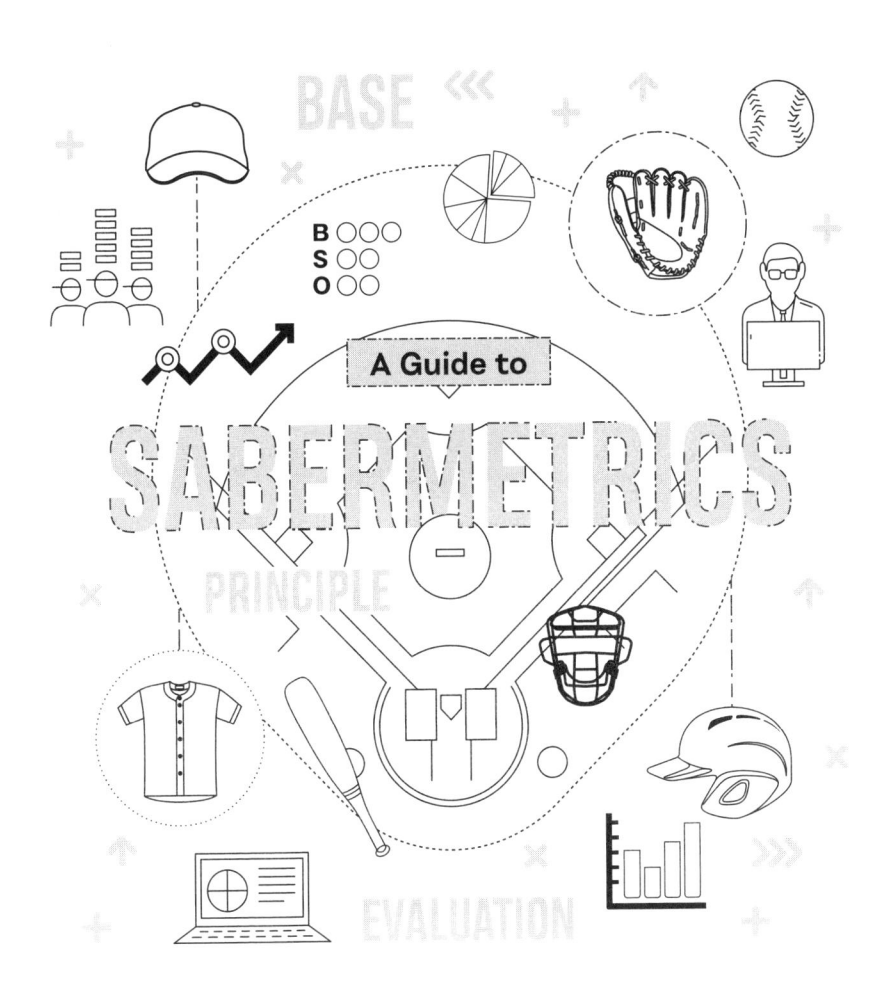

第一節　送りバントは有効な戦術か

1．送りバントと得点の見込み

第二章

野球の一般的原理

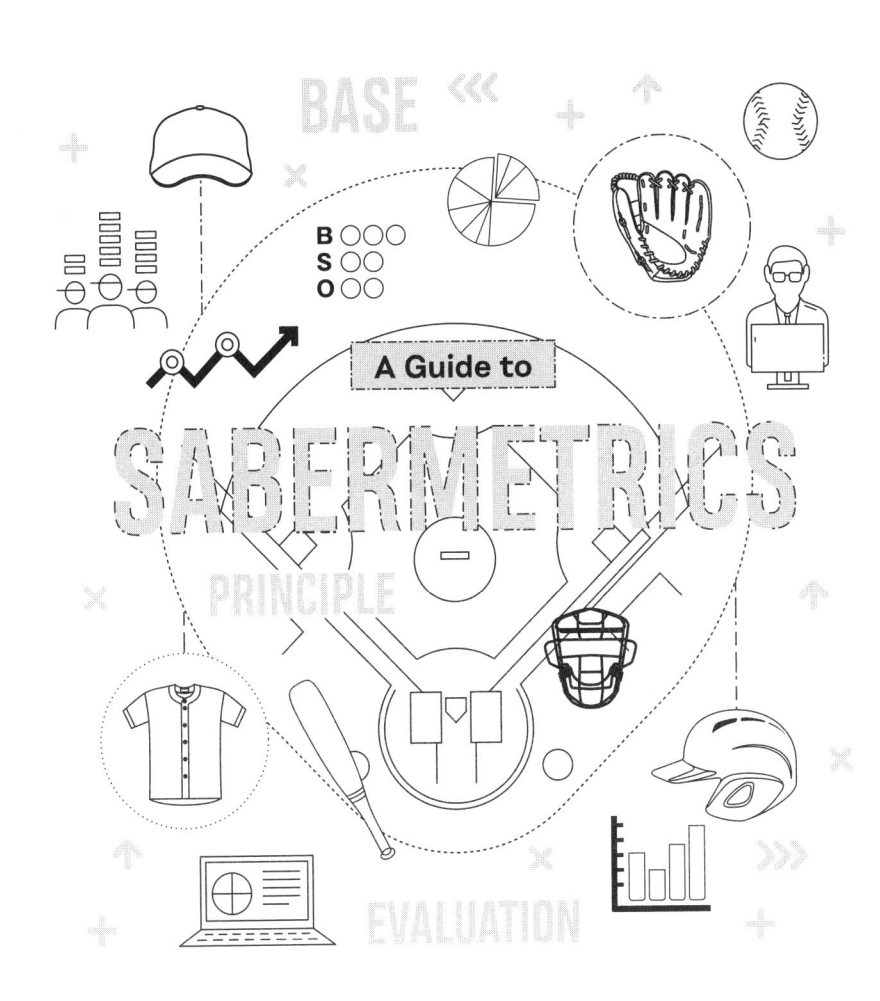

第一節　送りバントは有効な戦術か

１．送りバントと得点の見込み

　本章では、前章で学んだセイバーメトリクスの基礎概念を使って野球の一般的な原理やセオリーを分析していきます。

　まずはセイバーメトリクスが従来の常識を覆した例として紹介されることが多い送りバントを取り上げます。一般的な野球の常識ではバントは確実に点を取るための手堅い手段ですが、これを改めて考えるとどうなるのでしょうか。セイバーメトリクスの原則に従い「バントをすると確実に得点しやすいはずだ」という経験則や感覚を一旦疑って、ロジックとデータから考えてみます。

　前章で見た通り、試合の目的は勝利であって攻撃時には得点を挙げることを目指しています。そのためには攻撃における選択肢であるバントについても「手堅い」とか「確実」といったイメージの問題はさておいて、客観的に分析して得点を増やすのに有効なのかどうかという点が問われなければなりません。

　ここで役に立つのが先ほど登場したばかりの得点期待値表です。

表 2-1-1
[得点期待値表（2014-2018 年／再掲）]

アウト	走者状況							
	無走者	一塁	二塁	三塁	一二塁	一三塁	二三塁	満塁
無死	.450	.804	1.071	1.285	1.386	1.693	1.860	2.103
1 死	.246	.500	.674	.917	.904	1.143	1.337	1.504
2 死	.093	.210	.317	.345	.430	.482	.524	.712

　得点期待値表を使えばバントという戦術を採用することによってチームの得点の見込みがどのように変化するのかを直ちに知ること

ができます。

　無死一塁からの送りバントを考えてみましょう。表のうち注目する部分を網掛けにしています。無死一塁の得点期待値は **.804** であり、バントが成功して 1 死二塁になると **.674** へと .130 だけ**減少**します。バントせずに強攻する場合の期待値はどうなるかというと、無死一塁の .804 はそこからヒットを打つ可能性やアウトになる可能性などを全て織り込んだ平均ですから、基本的にはそれがそのまま強攻の場合の期待値ということになります。

　そのほか、1 死一塁や走者が二塁の場合など送りバントが考えられる局面の得点期待値とバント成功後の期待値、その差分（バントによる得点期待値増加という意味での利得）をまとめたのが表 2-1-2 です。

表 2-1-2
［送りバントによる得点期待値変動］

状況	バント前の得点期待値	バント後の得点期待値	利得
無死一塁	.804	.674	-.130
1 死一塁	.500	.317	-.182
無死二塁	1.071	.917	-.154
1 死二塁	.674	.345	-.330
無死一二塁	1.386	1.337	-.049
1 死一二塁	.904	.524	-.379

　表 2-1-2 に含まれる全てのケースでバントは得点の見込みを減らすという結果になっています。つまり、**得点期待値表から見る限りではバントは一般的に得点の増加に有効な戦術ではないことになります**。これがセイバーメトリクスによる一番基本的なバントの分析です。一応、野球経験者の「強攻よりもバントの方が確実に得点が取れる気がする」といった感覚よりも客観的なデータとなります。

　ところで、バントは、同点の 9 回裏など「もう大量点はいらないから 1 点だけ取れればいい」といった局面で特に有効だと思われている戦術でもあります。そこで得点数の平均的な見込みではな

く「少なくとも 1 点を取ることができる確率」で分析するとどうなるでしょうか。ここで必要になるのがすでに見た得点確率表です。

表 2-1-3
[得点確率表（2014-2018 年／再掲）]

アウト	走者状況							
	無走者	一塁	二塁	三塁	一二塁	一三塁	二三塁	満塁
無死	25.2%	40.2%	60.3%	78.9%	60.7%	83.5%	82.8%	82.6%
1 死	14.7%	26.1%	39.4%	62.4%	41.0%	65.7%	62.5%	64.5%
2 死	6.2%	12.1%	21.6%	24.8%	22.4%	25.1%	27.1%	31.4%

この表は、数字が得点の期待値ではなく「少なくとも 1 点をとる確率」を表すという以外の見方は得点期待値表と同じです。

先ほどと同じように無死一塁からのバントをまず考えると、無死一塁の得点確率は 40.2%、バントが成功して 1 死二塁になったときの得点確率は 39.4% で、0.8 ポイントと若干ながら確率を下げる結果となりました。**平均的な状況における無死一塁からの送りバントは少なくとも 1 点を取る確率も下げる**ことがわかります。そのほか各状況におけるバントで得点確率がどう変動するかをまとめたのが表 2-1-4 です。

表 2-1-4
[送りバントによる得点確率変動]

状況	バント前の得点確率	バント後の得点確率	利得
無死一塁	40.2%	39.4%	-0.8%
1 死一塁	26.1%	21.6%	-4.5%
無死二塁	60.3%	62.4%	2.1%
1 死二塁	39.4%	24.8%	-14.6%
無死一二塁	60.7%	62.5%	1.8%
1 死一二塁	41.0%	27.1%	-13.9%

得点確率が減少する場合が多いのですが、無死二塁と無死一二塁の状況では 2 ％程度上がっています。これは 1 死になったとしてもとにかく走者を三塁に送りさえすれば犠牲フライやゴロアウトの間にホームに押し込むことはできる、という事情が反映されているの

でしょう。**ノーアウトでランナーが二塁にいるときに送りバントを成功させれば少なくとも 1 点を取る確率は微妙に上昇**することがわかりました。他方で走者を三塁に進めることができたとしても 2 アウトになってしまえば「進塁打で押し込む」ことはできません。このため 1 死二塁や 1 死一二塁からの送りバントは得点確率を 14% 前後と非常に大きく減少させる悪手となっています。

　なお、あくまでも勝利のためという目的を考えた場合、本当に 1 点でサヨナラ勝ちとなるような場合を除いて複数得点を軽々しく放棄することは危険です。例えば同点 8 回表の攻撃で、強力なリリーフがいるから 1 点のリードがあれば大丈夫だろうと思っても、その後相手チームが巻き返してくる可能性はあるわけですから、得点確率による分析はあくまでも限定的に用いるべきでしょう。ノーアウトでランナーが二塁にいるときのバントで 1 点を取る確率が若干上がったとしても前述の通り得点期待値（そこから得られる平均的な得点数）は下がるわけで、その点は留意する必要があります。

2．打力の損益分岐点

　得点期待値というのはあくまでもある状況における平均的な得点の見込みを表しています。この前提は重要です。言い方を換えれば、無死一塁の得点期待値が .804 だというのは理屈上「平均的な投手が、平均的な野手の守る、平均的な球場で、平均的な打者に対して投げた場合の見込み」だということです。

　これをバントの分析にあてはめると、少し実情に沿わない部分が出てきます。バントをするのはどちらかといえば打力に期待が持てない打者の場合が多いからです。むしろそうした打者が打席に入った場合にいかにうまく得点を生み出すかという観点の戦術がバント

だという言い方もできるでしょう。

　セイバーメトリクスでもセ・リーグの投手が打席に入ったときにバントをするのは反対しませんし、逆に従来のセオリーでも4番打者には滅多にバントをさせません。結局、どの程度の打力ならバントをさせていいのかという「程度の問題」になります。バントの是非に関して極論に走るのを避けるため、ここでもセイバーメトリクスの原則である定量的な思考が重要になります。

　得点期待値による分析では平均的な打力の打者がバントをするのは良くないことがわかりましたが、次にどのくらいの打者までは打たせるべきで、どのくらいの打者からバントをさせるべきなのかということを考えていきます。

　このような分析も、得点期待値表の応用によって行うことができます。打力を反映した計算とするために単に無死一塁の得点期待値を強攻した場合の見込みとするのではなく、具体的な打者の打力に応じて強攻の期待値を計算してバントの場合と比較します。

　例えばある打者についてヒッティングをした場合に単打となる確率が15%だとして、単打となった場合に一塁走者が二塁へ進む確率が75%、三塁へ進塁する確率が25%……といったふうに起こり得る展開の確率を積み上げていくと、打たせた結果どのような状況がどれだけの確率で生じるかを計算することができます。起こり得る結果ごとに期待値と確率を求め、その加重平均をとったものが「特定の打者が強攻を選んだ場合の得点期待値」です。

　一例として2018年に2番打者として送りバントを30個決めた広島カープの菊池涼介の打撃成績を使って無死一塁から強攻をした場合に考え得る結果が起こる確率と期待値を計算したのが表2-1-5です。ここでは一塁走者が単打で三塁へ進む確率や二塁打で生還する確率、凡打が併殺になる確率などはおおむね一般的と思われる値を当てはめています。

表 2-1-5
[菊池涼介が強攻した場合の得点期待値]

打席の結果	確率	事後の得点期待値	確率×期待値
単打（一塁走者は二塁へ）	10.9%	1.386	.152
単打（一塁走者は三塁へ）	3.6%	1.693	.062
二塁打（一塁走者は三塁へ）	2.9%	1.860	.054
二塁打（一塁走者は生還）	1.5%	2.071	.032
三塁打	0.2%	2.285	.004
本塁打	2.1%	2.450	.052
四死球	8.5%	1.386	.118
凡打（一塁走者は二塁へ）	2.6%	.317	.008
凡打（一塁走者はそのまま）	44.2%	.500	.221
凡打（併殺打）	5.2%	.093	.005
三振	18.2%	.500	.091
強攻の得点期待値			.798

表 2-1-6
[計算の前提とした確率]

状況	確率
無死の単打で一塁走者が三塁へ	25%
無死の二塁打で一塁走者が生還	35%
無死一塁の凡打で進塁	5%
無死一塁の凡打で併殺	10%
送りバント成功率	80%

　菊池が強攻した場合の得点期待値は .798 であることがわかりました。これをバントの場合と比較するのですが、バントをした場合についてもより現実的な計算とするために失敗も考慮に入れることにしましょう。一般的にバントは 8 割が成功して 2 割が失敗しますので、80% で 1 死二塁（.674）になり、20% で失敗して進塁させられなかった場合に 1 死一塁（.500）になると仮定すると、バントを試みた場合の得点期待値（加重平均値）は「0.8 × 0.674 ＋ 0.2 × 0.500 ＝ 0.639」です。

　強攻の場合の .798 とバントの場合の .639 を比べると強攻のほうが .159 高いためバントはさせるべきでないことがわかります。

2018 年の菊池は打率 .233、加重出塁率 .295 と平均より低いのですが、それでもバントは強攻に比べて得点期待値を高めないようです。

　ではバントをした方がいいような打者がいるのか、あるいはどこが「損益分岐点」なのかを探るため、2018 年 NPB で 100 打席以上出場した全ての打者（173 人）の成績について同じ計算を繰り返して強攻した場合の得点期待値を計算してみます。

　計算の結果、**全ての打者でバントは得点の期待値を下げる**ことがわかりました。打者の加重出塁率とそれに対する強攻の場合の得点期待値の分布を次の図 2-1-1 に示しますが、全ての点がバントをする場合の期待値 .639 より上に分布しています。

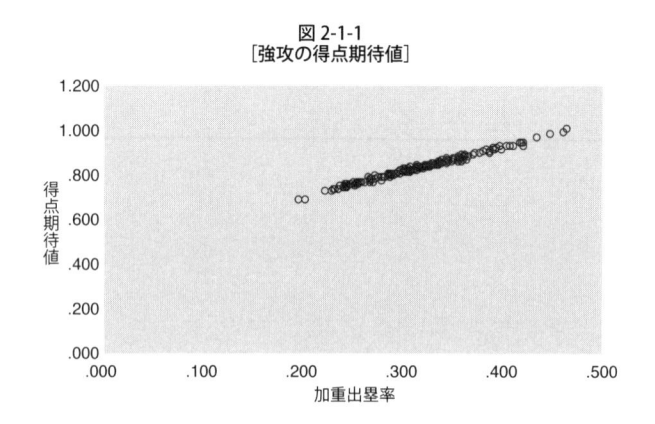

図 2-1-1
［強攻の得点期待値］

　次に回帰分析という統計学の手法を用いて加重出塁率からそれに対応する強攻の利得を求める式を作り、どれだけの加重出塁率なら強攻時の利得がバント時の利得と等しくなるかを計算すると、結果は .151 となりました。つまり .151 が加重出塁率で考えた場合の損益分岐点です。加重出塁率が .151 より高い打者は無死一塁では強攻すべきで .151 より低い打者はバントすべきであることになります。

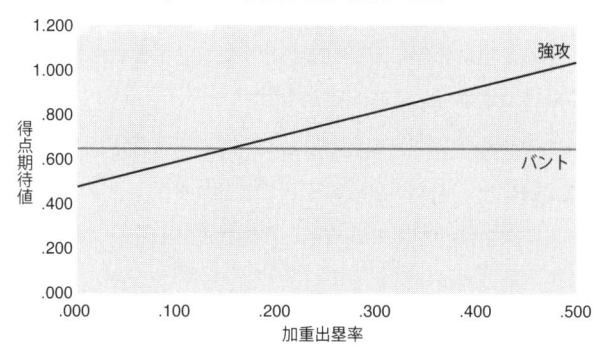

図 2-1-2
［バントの損益分岐点（無死一塁）］

100打席という少ない打席数を対象に含めてもバントの場合の期待値を下回る打者はいませんでしたし、一般的に先発メンバーになれずベンチに控えているレベルの野手でも加重出塁率は2割台後半はありますから、損益分岐点の加重出塁率.151は野手の能力としてはほとんどあり得ないくらい低い水準ということになります。それほどバントは得点を増やす上で不利な戦術であるということです。なお、打率を指標として損益分岐点を測ると.103となります。打率が.103より高い打者はバントより強攻をしたほうがいいということです。損益分岐点を下回るのがどれだけ低い打力かはこちらのほうがイメージしやすいでしょうか。

3．野球の奥深さと読み合いの妙

ここまでの分析からすると送りバントは有効な戦術ではなく、原則的にはやらないほうがいいことになります。しかし最後に少し考えてみたいのは、誰もがその結論を受け入れてバントを（投手以外）一切しなくなったらどうなるかです。攻撃側は常にヒッティングで

すから、守備側も深い位置で守ることができます。そうした状況が続くとバントに対する守備側の警戒が手薄となり、意表を突いてバントをすると相手側のミスが生まれやすいなどのかたちで逆にバントの有効性が高まってくるはずです。

　さらにそう考えてバントを増やしていくとまた相手側のバントへの警戒が強まってきますから、そこでまたヒッティングの有効性が高まります。結局、相手の警戒という要素も織り込むとたまにはバントをして適度な比率でヒッティングとバントを混ぜることが最適な戦術なのではないかという考え方が出てきます。

　このような見方を提示したのがミッチェル・リクトマンによる分析です。リクトマンはトム・タンゴ、アンドリュー・ドルフィンとの共著『ザ・ブック』でバントについて詳細に研究しています。

　興味深いのは、強打者が序盤にバントを企図した場合、結果的にただ1死二塁になるだけではなくバントがヒットになるなど攻撃側に有利な状況が生まれやすい傾向にあったことです。これは、そうした状況では守備側がバントを想定していないためではないかと考察されています。その証拠に相手にとってバントが容易に予想される終盤では有利な傾向はみられません。このような結果から、上に述べたような読み合いの構造の重要性を指摘しています。これは複数主体の意思決定の構造を分析するゲーム理論の考え方であると言えます。

　単純に「期待値が低いから全くバントはしないほうがいい」と言い切ってしまえるほど野球は簡単なものではないということでしょう。セイバーメトリクスはそのような結論の押しつけはしませんし、むしろ微妙な点まで汲み取って分析を展開しています。

　分析の結論を普通の言葉で言ってしまえば「バントは打力の低いときにだけ有効だが、相手の出方もうかがってたまには意表をつくことも有効」というある種常識的な結論です。しかし感覚的にその

ようなことを言うだけでは、その「低い打力」というのが打率で .250 のことなのか .200 のことなのか漠然としていてわかりません。客観的かつ定量的に考えることによってバントが有効になる打力の水準や意表をつくことの期待値など具体的なレベルで議論をすることができます。こうした点がセイバーメトリクスの魅力です。

第二節　盗塁の利得と見えない力

1．盗塁のリスクとリターン

　盗塁もセイバーメトリクスによって有効性が疑問視されている戦術のひとつです。送りバントの分析と同じように、得点期待値表を使うと盗塁が成功した場合・失敗した場合にチームにどれだけ得点の見込みの増減がもたらされるかが簡単に計算できます。
　二盗・三盗について得点期待値の変化をまとめたのが表 2-2-1 です。

表 2-2-1
[盗塁の成否による得点期待値の損得と損益分岐点]

状況	得点期待値	成功後の得点期待値	失敗後の得点期待値	成功の利得	失敗の損失	損益分岐点成功率
無死一塁	.804	1.071	.246	.267	-.558	68%
1 死一塁	.500	.674	.093	.175	-.407	70%
2 死一塁	.210	.317	.000	.107	-.210	66%
無死二塁	1.071	1.285	.246	.214	-.825	79%
1 死二塁	.674	.917	.093	.242	-.582	71%
2 死二塁	.317	.345	.000	.027	-.317	92%

全てのケースで成功した場合の利得よりも失敗した場合の損失の方が大きくなっています。これは当然ながら、盗塁という戦術は成功すると進塁をひとつ得るだけですが、失敗した場合には走者を失う上にアウトカウントがひとつ増えるという理由によります。「損益分岐点成功率」はその局面において成功の利得と失敗の損失が釣り合うような盗塁成功率ですが、この理由により常に 50% 超の成功率でなければ盗塁は試みてはいけないことがわかります。

　盗塁を試みる局面でよくあるのは走者が一塁だけにいる状況ですが、この場合の損益分岐点成功率は 66 〜 70% です。過去のデータを見てみるとプロ野球における平均的な盗塁成功率もだいたい 3 分の 2 程度ですから、こうした損得勘定は経験的になんとなく了解されているのかもしれません。もっとも、損益分岐点成功率というのはその成功率のときに盗塁の企図が損でも得でもない水準を意味しますから、平均的に見れば盗塁は得点を増やすのに全く貢献していないことになってしまいます。

　上記からわかるのは、盗塁という戦術が有効になるにはかなり高い成功率が要求されるということです。そうでなければ試みても意味がないか、むしろ攻撃側に不利な選択になります。第一章で見たように野球の攻撃は 27 個のアウトを奪われるまでにいかに多くの得点を挙げるかというゲームです。アウトを奪われなければいつまででも攻撃を続けられる反面、決まった数のアウトさえ奪われてしまえば必ず攻撃は終わります。そういった意味でセイバーメトリクスの観点からはアウトカウントというのは決定的に重要なものであり、バントであれ盗塁であれアウト（になる可能性）をみすみす相手に差し出すのは危険が大きすぎるのです。こうした見方により、**セイバーメトリクスの登場によって盗塁という戦術は従来考えられてきたよりはリスキーで、リターンの少ない戦術であると考えられるようになりました。**

例えば1死一塁で盗塁する場合を考えると、成功による得点期待値の増加は .175 で、これは打撃の結果（表1-3-3）と比べると四球の得点価値よりも余裕で低く、さほどのインパクトはありません。他方で失敗による得点期待値の減少は .407 で、これは単打の得点価値に近い絶対値となります。盗塁を失敗することはヒットをひとつ台無しにするくらいのインパクトがあるということです。ヒットを打って出塁しても盗塁に失敗すれば元々凡退したのと同じ状況になりますから、考えてみればこれは当然です。

一般的な目安として言えば、盗塁が成功することの得点価値は +0.20 で失敗の損失は -0.40 です。これを選手の成績にあてはめるとシーズンに40個の盗塁を成功させて10回失敗した選手が盗塁によってチームにもたらした得点は $0.20 \times 40 - 0.40 \times 10 = 4$ 点です。優れた打者が打撃でもたらす利得は年間で20〜40点にもなりますから、盗塁の影響は打撃力の差に比べると些細であることがわかります。

得点確率で考えた場合の損益分岐点も表2-2-2 にまとめておきます。1点だけを考えるのであればアウトになることの痛手があまり響きませんから損益分岐点はやや下がることになります。

表 2-2-2
[盗塁の成否による得点確率の損得と損益分岐点]

状況	得点確率	成功後の得点確率	失敗後の得点確率	成功の利得	失敗の損失	損益分岐点成功率
無死一塁	40.2%	60.3%	14.7%	20.1%	-25.5%	56%
1死一塁	26.1%	39.4%	6.2%	13.3%	-19.9%	60%
2死一塁	12.1%	21.6%	0.0%	9.5%	-12.1%	56%
無死二塁	60.3%	78.9%	14.7%	18.5%	-45.7%	71%
1死二塁	39.4%	62.4%	6.2%	23.0%	-33.2%	59%
2死二塁	21.6%	24.8%	0.0%	3.2%	-21.6%	87%

2. 相手をかき乱す盗塁の「見えない力」

　セイバーメトリクスによる盗塁の基礎的な分析としては以上になりますが、ここではもう少し掘り下げてみましょう。得点期待値による計算は盗塁の分析としては少し淡白すぎるきらいがあります。というのも、盗塁のうまい選手が一塁に出るとよく解説者が「あの選手が一塁にいるだけで投手は投げづらいものです。盗塁を警戒してストレート系で勝負せざるを得ませんから、打者も狙いを絞りやすくなります」といったことを言いますが、盗塁が成功・失敗した場合の得点期待値の変化にはこういった影響が加味されていないからです。盗塁がもたらす影響の全体を知らなければ、戦術としての評価はできません。

　投手が感じるプレッシャーや打者の打ちやすさそのものは数字として把握できませんが、こういったものの影響をどうデータから捉えるかが分析家の工夫のしどころです。書籍『ベースボール・ビトウィーン・ザ・ナンバーズ』の中でジェイムズ・クリックはメジャーリーグのデータからこの盗塁の「見えない力」の部分に踏み込んでいますので、その分析を紹介します。

　分析の考え方はこうです。仮に盗塁のうまい選手が一塁にいることが打席の打者に有利に働くなら、その場合の打撃結果は「盗塁のうまい選手が一塁にいる」という点以外は同じ条件にしたそのほかの場合の打撃結果よりも良くなるはずで、その差分を計測すれば「見えない力」が見えるようになります。

　こういった分析を行う際のポイントは、**なるべく分析の対象としたい要素だけが違うような、そのほかの条件が揃ったデータの比較を行う**ことです。例えば俊足の走者が一塁にいる場合の打率とリーグ全体の打率とを比較するだけでは、その差が走者の性質によるものなのかわかりません。盗塁のうまい走者でなくても、とにかく一

塁に走者がいれば一塁手がベースに張りつくことで一・二塁間が空いてヒットが出やすくなるかもしれないからです。クリックもこの点には注意を払い、同じ打者で走者が一塁にいる場合の打撃成績に前提を絞り、その中で走者が盗塁の多い選手である場合とそうでない場合とを比較しました。具体的には一塁走者を盗塁企図の多さで5つのグループに分け、それぞれの場合の変化を見ています。

　クリックによれば、メジャーリーグの5年間のデータで分析した場合、走者が一塁にいることによる打席の打者のOPS（出塁率＋長打率）の増加は一塁走者が盗塁の企図が多いグループである場合から順にそれぞれ24ポイント、27ポイント、17ポイント、20ポイント、13ポイントとなっています。盗塁をしない走者の場合に比べれば、盗塁の多い走者が一塁にいると打者のOPSは11ポイント程度上がるということです。これは得点の単位に換算すると、盗塁の多い選手が一塁に出る機会が年間に100回あったとしてもチームの得点が1点増えるかどうかというレベルの小さな影響です。

3．打者もまた影響を受ける

　バントについての研究で紹介した『ザ・ブック』の中でトム・タンゴもこの点について分析を行っています。

　タンゴの分析では、俊足かつ盗塁が多いような選手が一塁にいると、その他の走者が一塁にいる場合に比べ打席の打者の打撃成績は**むしろ悪化**することが示されています。通常の走者の場合（守備位置の変化で一・二塁間が空くといった理由により）打者の加重出塁率は平均に比べて12から16ポイント上がりますが、俊足・盗塁の多い選手のときには2ポイントしか上がらないということです。つまり足の速さは打者の加重出塁率を下げる方向に働いています。

元々が極めて小さな数字の話であるため、対象とするデータの範囲や分析の方法が微妙に異なれば正負が逆転する場合もあるでしょう。このためクリックとタンゴのどちらが正しいのかというのは微妙な問題ですが、いずれにせよ現実の野球を考える上でタンゴの分析から得られる重要な示唆は「**守備側が走者に影響されているとき、打者もまた影響されている**」ということです。盗塁の全体的な効果を考えるにあたって投手や守備についての影響を言うのであれば打者への影響も考慮に入れるべきです。そして思い込みを外して考えれば、その影響が不利なものである可能性もなくはありません。

　打者の内面的な感覚からすれば「不利になっている」という意識はないかもしれません。一塁走者の存在感から、有利にすら感じている可能性もあります。しかし俊足の選手が一塁にいることによって1、2球は盗塁を待つなど普段とアプローチを変えることはあり得ます。総合的に見れば、そうした影響は打者の結果を悪くしているかもしれません。ましてや走者が実際にスタートを切って打者が盗塁を見届けるためにストライクの投球を見送れば、打者のボールカウントは目に見える影響として悪くなります。

　セイバーメトリクスの分析は、盗塁のプレッシャーによって投手が内面的に「嫌な感じ」を持つとか、攻撃側のチームが勢いを感じるといった感覚自体を否定しているわけではありません。そういった感覚があるのはいいとして、それによって実際に結果がどう変化しているかが問題なのです。これは、送りバントを成功させたチームが主観的には得点の見込みが高まったと思っていても実際にそうだとは限らないのと同じ問題です。

　分析家たちの研究からは「俊足の走者が一塁に出ると投手にプレッシャーがかかる」という有利なストーリーを一部だけ切り取るのではなく全体を考えるのが大切であること、そしてストーリーが「それらしい」解説こそ客観的な事実から定量的にどの程度の影響

があるのかを探るのが重要であることがわかります。そして実際に分析してみると、盗塁の「見えない力」は解説者が強調するほどいいものではないようです。

Column　数字に表れないもの

　データを使った野球の分析に対して「数字が全てではない、数字に表れないものが重要だ」といったような批判がなされる場合があります。本節でもあえて俊足の走者が試合に与える影響を「見えない力」と表現しました。

　しかしその「見えない力」についてきちんとデータを選んで分析を行えばある程度の推定が可能であったように、「数字に表れないもの」は単に「数字に表してこなかったもの」である可能性もあります。何かの要素（例えば俊足の走者、試合の流れ等）が試合の結果に明確な影響を与えるのであれば、その要素の定義をして条件を絞ってデータを測定すれば結果の差異として表れるはずです。逆に測定のための定義ができないとか測定して意味のある値が出ないということであれば、そのような影響が本当に存在しているのかが怪しいということも考えられます。主観的な感覚として何かの要素があると思うことと、それが実際の試合の結果に影響を与えていることとは別の問題です。

第三節　敬遠という選択

１．敬遠による状況の変化

　先に見た送りバント・盗塁は攻撃側が行う戦術でした。次に守備側が行う戦術的な判断として、敬遠（故意四球）について考えます。

　敬遠という選択が採用される背景にはいくつかの要素が考えられます。二塁にランナーがいて強打者を歩かせるとき、その打者があまりにも圧倒的で対戦したくないという要素もあれば、次の打者なら確実に抑える自信があるという要素もあれば、１死であれば塁を詰めることによってフォースプレイやゲッツーを狙うことができる、どうせ先頭の塁は変わらないから失点のしやすさが変わるわけでもない、といった理由づけもあるでしょう。

　ひとつひとつの理由を説明されればどれもそれなりに確からしいですが、ここでも問題は、客観的にデータを分析したときに定量的な影響がどうなっているかです。歩かせるというのは無条件の出塁を許す選択であり、それ自体は守備側に不利な出来事であるはずです。敬遠した後の打者が長打を打つ可能性だって一定程度はあるわけですから、頻繁ではないにしろそうした可能性を織り込んでいくと長期的には実は勝利のために不利な選択かもしれません。

　その実態を探るため、盗塁や送りバントと同じようにデータから分析を行っていきます。敬遠はそれが発生すれば走者状況に変化を与える出来事ですから分析道具としては得点期待値表が使えます。

　前提として確認しておきたいのは、単純に得点期待値を使って平均的な状況で考える限りは、敬遠というのは守備側の失点を増やすだけの選択だということです。例えば１死二塁の得点期待値は .674

ですが、ここで打者を敬遠して1死一二塁の状況に移行すると得点期待値は.904に増加します。得点確率も39.4%から41.0%に上がります。この分析は平均的な状況が常にもたらされることを前提にしていますから、打席に迎えている平均的な打者を敬遠したところで次もまた同じ能力の平均的な打者が出てきます。これでは特に抑えやすくはならないわけで、攻撃側の走者を増やしただけですから守備側に有利にならないのは当然といえば当然です。併殺がとれるようになることのメリットもはっきりとは見られないようです。

2．王貞治を歩かせる

　平均的な打者が続く打線の想定では、敬遠の本質を捉えられません。現実に敬遠策がとられる典型的な場合というのは、強打者が打席に入るところで、次の打者ならなんとか抑えられそうだから歩かせようという前後の打者の力量差に注目した判断であるはずです。
　このことを考慮に入れるため、バントの分析で行ったのと同じように打者個別の能力差を得点期待値に組み込みます。ここではあえて極端な例としてシーズン故意四球数の日本記録（45）を叩きだした王貞治の1974年の成績データを使用します。

表 2-3-1
［王貞治1974年の打撃成績］

選手	打数	安打	二塁打	三塁打	本塁打	四球	故意四球	死球	三振
王貞治（1974）	385	128	18	0	49	158	45	8	44

打率	長打率	出塁率	加重出塁率
.332	.761	.532	.529

この年は本塁打数こそ 55 本ではないですが、打率や長打率は 55 本の年よりも高く、加重出塁率 .529 はほとんど反則といってもいいくらい高い値です。A クラスと B クラスの境目くらいのチームであれば、王を一人補強するだけで優勝できる可能性があります。

　このデータを用いて、敬遠せずに王と勝負する場合に見込まれる得点期待値を計算します。そして敬遠した場合の得点期待値と比較して、どちらが高いかにより敬遠が有効か否かを判断します。

　なお計算にあたっては故意四球の打席は除外した上で王の成績から単打や四球や本塁打がどれだけの割合で発生するかを計算し、打球が発生した場合の走者の進塁の設定は「単打では一塁走者は三塁へ進み、二塁走者は生還する」「二塁打では一塁走者は三塁へ進む」「凡打では走者は進塁せずアウトカウントだけが増えるが、三塁走者に限っては 50% の確率で生還する」ものとしました。やや現実を単純化した仮定ですが、細かい計算をしたメジャーリーグの研究と比較して結果に大きな齟齬はないことを確認しています。

　敬遠を出すことで勝負する場合に比べてどれだけ得点期待値が増えるかを状況別にまとめたのが表 2-3-2 です。

表 2-3-2
[敬遠による得点期待値の増加]
（打席：王、後続：平均的）

アウト	走者状況							
	無走者	一塁	二塁	三塁	一二塁	一三塁	二三塁	満塁
無死	.256	.332	.186	.226	.421	.223	.070	.441
1死	.153	.209	.071	.081	.302	.121	.003	.484
2死	.027	.056	-.066	-.027	.019	.019	-.103	.500

　表の数値は得点期待値そのものではなく敬遠することによる変化です。守備側から見ればマイナスであれば敬遠するのが正しいという意味になります。表中網掛けの部分が敬遠すべき場面です。こうして見ると「2 死で二塁以降に走者がおり、一塁は空いている状況」

が敬遠が有利になる局面であることがわかります。

　敬遠が有利といっても期待値の減少はわずかであり、勝負する場合とほぼ変わりません。実は**敬遠は多くの場合で守備側に不利な選択であり思われているほどいい選択肢ではない**というのはセイバーメトリクスの一般的な結論です。しかもこれは歴代最強レベルの打撃成績で計算しているものですから、通常あり得る3割30本レベルの打者を歩かせるのはかなりおすすめできない選択ということになります。

3．続く打者が劣る場合

　上記の分析は打席の打者こそ王貞治と設定していましたが事後の得点期待値として使用したのは通常の得点期待値表ですから、後続の打者は平均的な打力があるという前提で計算されています。4番打者を歩かせる場合には続くのが5番・6番の打者であり少なくとも平均的な打力は持っていると思われるためこれはこれで不自然な計算ではありません。

　ただし、敬遠はむしろ「次の打者なら抑えられる」という目論見が根拠となる場合もあるでしょう。例えば4番に続く5番が極度の不振であるケースや、左キラーのリリーフが右打者を歩かせて次の左打者との対戦を選ぶケースなどです。

　こうした意思決定を分析するため、これまでとは異なる低い得点見込みの場合の得点期待値表を用意しました。

表 2-3-3
[低い得点見込みの場合の得点期待値表]

アウト	走者状況							
	無走者	一塁	二塁	三塁	一二塁	一三塁	二三塁	満塁
無死	.314	.647	.824	1.117	1.202	1.455	1.632	2.046
1死	.160	.362	.507	.769	.741	.977	1.121	1.406
2死	.057	.142	.248	.280	.342	.370	.476	.625

　これは実際の試合のデータから作成した得点期待値表ではなく、ベンチに控えているレベルの選手の成績を元に数理的な計算で作ったものです。安打が発生する確率や安打で走者が進塁する確率などの設定から複雑な数式を追っていくとこのような結果にたどりつきます（トム・タンゴが作成してウェブ上に公開しているツールで計算しています）。

　前提としている打力は打率.223、長打率.312、出塁率.281、加重出塁率.269とかなり低いものです。イニング開始時点の得点期待値が.314ですから9イニングで2.826点しかとれないことになります。この新たな得点期待値表に基づいて先ほどの敬遠の損得の計算をやり直したものが表2-3-4です。

表 2-3-4
[敬遠による得点期待値の増加]
（打席：王、後続：控えレベル）

アウト	走者状況							
	無走者	一塁	二塁	三塁	一二塁	一三塁	二三塁	満塁
無死	.208	.306	.172	.148	.504	.302	.168	.516
1死	.089	.155	.013	.012	.308	.130	-.012	.480
2死	-.014	.004	-.119	-.098	-.032	-.032	-.156	.450

　当然ながら先ほどよりも敬遠が有利になる局面が増えており、2死二塁や2死二三塁では0.1点以上とそれなりにはっきりとした結果になっています。

　ただし、繰り返しますが**これは打席に史上最強レベルの打者が立っていてかつ後続の打者が極めて打力が低いという異常な前提で**

はじめて得られる結果であり、**得点期待値から考える限り敬遠というものはほとんどが守備側に不利な選択である**ということが逆に実感されるように思います。例えば1死二塁などはこれだけ極端な想定をしてもまだ勝負の方が守備側に有利です。

　なお、そのほか打力の差が極端になるケースとして、セ・リーグの8番打者が打席に立つ場合が挙げられます。これに関しては次の打者（投手）がほぼ打てる見込みがないことがわかっているケースであり、2アウトで二塁に走者がいる場合などは従来の感覚通り敬遠が妥当だろうと思われます。

4．1点を守り抜く

　敬遠の分析はしかし、同点の9回裏など「1点でも取られれば負けであり、失点するのであれば1点も2点も同じ」といった局面になると様子が変わってきます。

　王が打席の場合の計算を得点期待値ではなく1点以上が記録される確率である得点確率表で行ったものが次の表2-3-5です。後続は平均的な打者だとしています。

表2-3-5
［敬遠による得点確率の増加］
（打席：王、後続：平均的）

アウト	走者状況							
	無走者	一塁	二塁	三塁	一二塁	一三塁	二三塁	満塁
無死	6.5%	13.0%	0.9%	-1.3%	16.8%	-3.0%	-2.0%	10.6%
1死	2.6%	8.3%	-5.0%	-3.7%	12.6%	-4.7%	-5.3%	20.5%
2死	-2.6%	3.7%	-8.2%	-6.1%	-1.3%	-1.3%	-1.3%	51.0%

　得点確率の増加がマイナス、すなわち守備側に有利となる局面がかなり多くなっています。基本的に敬遠することで先頭の走者が進むことになる局面（一塁・一二塁・満塁）では敬遠は有効でないよ

うですが、それ以外のほとんど全ての場合ではむしろ敬遠が推奨されます。特に2死二塁は敬遠の方が失点の確率を8％も減らせるのですから、1点の確率を減らす策として考えるなら敬遠は明らかに有効です。また、2アウトランナーなしで打席に王を迎えた場合も歩かせたほうがいいというのは出塁率の重要性を説くセイバーメトリクスの原則からするとなかなか驚くべき結果です。1点だけということを考えた場合、王を歩かせることで本塁打を避けて後続の打者で残りの1アウトをとったほうがいいということなのでしょう。

　王ほど極端な打力でなくても、加重出塁率で.400を超えるくらいの打者（イメージとしては打撃でタイトル争いをするレベル）であれば表2-3-5で5％以上守備側有利になっているあたりでは敬遠を選択すべきことになります。ただしその場合には得点確率上の差は勝負と変わらないくらい微々たるものであり、得点期待値からすれば損であるため、敬遠の選択には十分に慎重であるべきと考えます。最後に一番敬遠が有利に出やすいパターンとして、打席の打者が王で後続が控えレベルで敬遠による得点確率の変化を表2-3-6に計算しておきます。条件設定としては1点でも取られたら終わりの守りで打席の打者が圧倒的に強力であり、敬遠すれば明らかに劣る打者と対戦できるような状況というイメージです。

表 2-3-6
［敬遠による得点確率の増加］
（打席：王、後続：控えレベル）

アウト	走者状況							
	無走者	一塁	二塁	三塁	一二塁	一三塁	二三塁	満塁
無死	4.7%	12.8%	-0.6%	-3.0%	19.8%	-0.4%	-0.4%	10.0%
1死	-0.003%	8.1%	-6.2%	-6.3%	15.3%	-2.5%	-2.5%	21.4%
2死	-4.8%	2.4%	-10.0%	-7.8%	-3.7%	-3.7%	-3.7%	51.0%

　一般的な条件で計算をするとほとんどの場合で敬遠をしない方がいいという結論になるため最後はあえてどこまでいけば敬遠が得になるかを計算してみましたが、基本的な結論としては、**敬遠という**

選択はほとんどの場合で守備側に不利な結果をもたらすが、本当に1点だけを考える終盤で打席の打者と後続の打者に圧倒的に明らかな打力の差がある場合には有利な選択になり得るということが言えます。守備側に有利になる局面は、従来考えられているよりは確実に少ないでしょう。

第四節　勝負強い打者は存在するか

１．聖なる俗説と無機質なデータ

「記録よりも記憶に残る活躍」といった表現がありますが、打者の中には数字の見た目以上にいいところで活躍している印象がある選手がいます。野球ファンであれば、勝負強い打者の名前を挙げろと言われればすぐに何人か思い浮かぶでしょう。「チャンスでこのバッターに回せばなんとかしてくれる」と頼りになる選手もいれば、「この選手はいいところではなぜかダメなんだよなぁ」と思ってしまう選手もいると思います。

　しかし**セイバーメトリクスはかなり早い時期からこの勝負強さという能力の存在を否定しています**。普段以上にいいところで打ったり打たなかったりするのは単なる偶然のばらつきであって、継続して勝負強い働きをすることはできないということです。

　具体的には 1977 年にディック・クレイマーが「勝負強い打者は存在するか」と題する論文を発表しており、勝負強い打者が存在す

るという考えを否定する結論を出しています。従来の常識に縛られないセイバーメトリクスらしい研究結果と言えます。

　これはここ一番のプレーに熱狂しているファンの心理からするとなんとなく腑に落ちないところで、『マネー・ボール』においても「野球通が信じてきた聖なる俗説とは矛盾する」と言及されています。それ以来勝負強さの問題は、データを重視するセイバーメトリクスと無機質なデータに抵抗を覚える一般的なファンとの間でしばしば論争になってきたようです。

　分析の中身がわからないまま論争について云々しても仕方ありませんから、まずはメジャーリーグでどのような研究が行われているのかを確認し、それからその方法の妥当性を確認した上で日本のデータについても分析を行います。

２．勝負強さは継続するか

　『マネー・ボール』でも言及されていたディック・クレイマーの研究はセイバーメトリクスの歴史において記念碑的な業績のひとつであり、セイバーメトリクスを知るためには避けては通れない重要論文と言えます。

　クレイマーが行った分析を一言でまとめれば「"重要な場面での活躍が評価される指標"と"そうでない指標"を算出して対比させ、その差の継続性を測った」というものです。

　よく使われる指標で言えば「重要な場面での活躍が評価される指標」というのは得点圏打率です。そして「そうでない指標」というのは通常の打率です。打率はどんな場面であろうがとにかくヒットを打てば上がるものですが、得点圏打率はチャンスでよく打ったかだけを対象にしますから、両者の差をとれば「通常の局面に比べて

重要な局面でよく打ったか、すなわち勝負強いかどうか」がわかるという仕組みです。そして、勝負強さが打者の能力であるならば、打率に比べて得点圏打率が高いという傾向は継続するはずです。このように分析の考え方は極めてシンプルです。

　ただしクレイマーが使った指標は打率と得点圏打率ではありません。クレイマーが行ったのは、今風に言えば打撃得点と勝率付加値との対比です。当時は打撃得点も勝率付加値もありませんでしたから細かく言えば計算方法は異なりますが、分析の意味は同じだと考えて差し支えありません。

　第一章の説明を繰り返しますが、勝率付加値はイニングや点差を考慮に入れた上で選手の働きがどれだけチームの勝利の確率を高めたかを評価します。この評価方法であれば、初回のホームランと9回裏のサヨナラホームランは全く異なる評価を与えられることになり、勝利を決定づける重要な局面での働きに重みがつくかたちで評価されます。それに対して打撃得点は各事象にいつでも平均的な重みを与えますから、初回に打とうが9回に打とうがホームラン1本は同じ価値で評価されます。両者の指標にこのような性格の違いがあるため、打撃得点に比べて勝率付加値が高ければそれはここぞという場面で相対的によく活躍しているとわかります。

　こうした下準備にもとづいてクレイマーは「**もし勝負強い打者が本当に存在するのであれば、ある年に勝負強かった打者は次の年も勝負強いはずだ**」と考えて、1969年のデータと1970年のデータの相関関係を分析しました。

　その結果、ナショナル・リーグの60人の打者については決定係数が0.038、アメリカン・リーグの62人の打者については0.055でした。決定係数というのは片方の数字の変動が他方の変動の何パーセントを説明できるかを表す統計学的な指標です。この場合は**翌年の勝負強さは前年の勝負強さでは 3.8 〜 5.5% しか説明できな**

いことを意味します。ほぼ予測不能と言ってよく、勝負強さが存在するという考えとは矛盾しますから、ひるがえって勝負強さは存在しないのだろうと推測されます。

　以上がセイバーメトリクスが勝負強さを否定する基本的な考え方です。前述の通り「勝負強い打者は存在しない」という結論は一般的なファンから「そんなはずはない」という反応を受けがちですから、アメリカの研究家たちはその後も手を替え品を替えこのことを証明し続けています。勝負強さの定義を変えてみたり、よく打っていることの尺度とする指標を変えてみたり、無数のパターンが試されているといっても過言ではありません。得点期待値システムを構築したピート・パーマーも、加重出塁率を開発したトム・タンゴも分析を発表しています。それでも得られる結論はほとんど常に「勝負強さは存在しないか、あるとしても現実的に考慮する意味はないほど微小な程度である」というものです。

3．日本プロ野球でみる勝負強さ

　日本のデータについてもディック・クレイマーの分析の考え方が適用できます。勝率付加値から打撃得点を引いた値を勝負強さを表す指数として、ある年と次の年との間に相関関係があるかを計測すればいいということです。なお、勝率付加値は勝利数を単位としていて打撃得点は得点数を単位としている関係上、勝負強さ指数の計算にあたっては打撃得点を 10 で割っています。これはおおむね 10 点が 1 勝に対応しており、単位を勝利数のほうに揃えるためです。

勝負強さ指数＝勝率付加値－打撃得点÷10

この勝負強さ指数を2014年から2018年のデータから連続する年でそれぞれ300打席以上の打者を対象に算出しました。データに含まれる打者は延べ237人で、打席数の影響を排除するために勝負強さ指数は500打席あたりの数字に換算しています。ある年の勝負強さ指数を横軸に、次の年の勝負強さ指数を縦軸にして散布図にしたのが図2-4-1です。

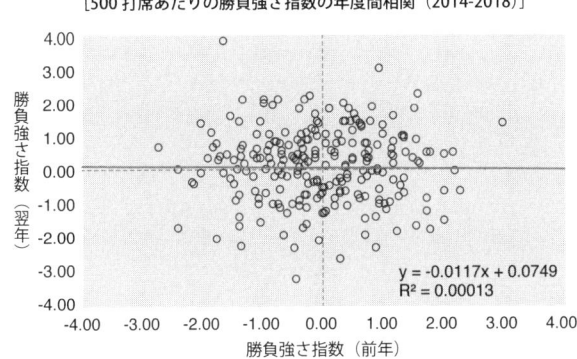

図 2-4-1
[500打席あたりの勝負強さ指数の年度間相関 （2014-2018）]

y = -0.0117x + 0.0749
R² = 0.00013

勝負強さ指数 （翌年）

勝負強さ指数 （前年）

　決定係数は0.0001で、クレイマーの論文よりもさらに低い結果となりました。やはり**日本においても通常の局面に比べて重要な局面で高いパフォーマンスを発揮するような一貫した能力の存在は認められない**ということが言えます。もっともここで「存在しない」と言ってしまうと本当は問題があり、セイバーメトリクスにおいて大事なのはあくまでも「程度」ですから、「0.01％だけ存在する」と言い換えたほうがいいかもしれません。結論は同じことです。

　なお、このような結論が出たからといってこれまで勝負強さを讃えられてきた選手を否定する必要はありません。分析で測ったのは「通常の局面に比べて」重要な局面でよく打っているかどうかですから、通常の局面でも重要な局面でもよく打っている選手は分析の定義では勝負強い打者に含まれません。しかしよく打っていること

は事実でありそれによってチームの勝利に貢献しているのですから、ここでいう勝負強さの定義に入ってこないことは別に問題ではないはずです。実際問題としてここぞという場面で活躍する**絶対数が多い**のはそもそも打力が優れている選手ですから、そういう選手に対してファンがここぞという場面でよく活躍するイメージを持つことも感覚的には自然であると言えます。

　結局は勝負強さというものをどう捉えるかの違いであって、球場のファンとセイバーメトリクスとがケンカする必要はないのかもしれません。

Column　勝負強さに賭けられますか

　勝負強さが存在しないという事実がなかなか理解されないことは本文で述べた通りですが、フィル・バーンバウムはブログ上でこの点について挑戦的な試みをしました。それは、読者がシーズン開始前に勝負強さで優れた成績を残す選手を言い当てられたらバーンバウムが実際のお金を支払う賭けを行うというものです。賭けの条件は読者が勝負強い打者と勝負弱い打者を指定でき、シーズンが終わったときに前者が少しでも優れていれば読者の勝ちという読者に有利なものです。それでも実際に賭けにのる読者はほとんど現れなかったことから、結局は勝負強い打者を言い当てられないのだ、とバーンバウムは喝破しています。実際にお金を賭けるかは別として（なお違法賭博の問題を避けるためチャリティーの企画とされています）、自身の勝負強さへの信憑を試す思考実験として、お金を賭けることができるかどうかと考えてみるのは面白いかもしれません。

"I will bet real money that you can't identify even one clutch hitter"
http://blog.philbirnbaum.com/2008/01/i-will-bet-real-money-that-you-cant.html

感覚的には長打が多いような強打者にはランナーを溜めて回したいという気持ちに駆られますが、強打者を1番から4番に下げると、その時点で「強い順」の並べ方に比べると3点の損失になるわけです。ランナーを溜めて回すことによる利益がこの3点を上回ってはじめて例外的な並べ方が正当化されます。強打者の打順を下げるというのはマイナスを取り返すところから始まる勝負なのです。

2.「野球ゲーム」に試させる

　もちろん「強い順」というのはあくまで考え方の土台であり、常に結論として正しいわけではありません。ではどのような打順の組み方が一般的に有効なのでしょうか。

　打順の研究で活躍するのがコンピュータによるシミュレーションです。例えば打者Aは8％で四球、15％で単打、5％で二塁打……、打者Bは5％で四球、17％で単打、8％で二塁打……といったふうに9人の打者のプロファイルを設定していき、乱数によるシミュレーションで試合を行わせます。野球ゲームに自動でペナントレースを行わせるようなイメージです。そして9人の打者で考え得る打順の組み合わせ（ちなみに36万2880通りあります）を総当たり的に試してみて、どのような打順でチームの得点が高くなるかを探ります。

　シミュレーションによる分析では一般的に次のような示唆が得られることが多いです。

① 基本的には打力の高い打者から上位に並べるべきである

② ただしチームの最強打者は2番に置くべきである

③ 打順の違いによる年間の得点数の変化は微小である

第五節　どんな打順が最適か

1．打順論の原則的な図式

　打順に関する経験則的な議論は多く蓄積されています。曰く、１番打者は打率が高く盗塁のできる俊足のバッター、２番打者は繋ぎのバッティングができてバントのうまいバッター、３番には巧打と長打を兼ね備えたバッターを置き、４番に最強打者、５番にはチャンスに強い打者……等々。

　ここではこうした従来のセオリーが正しいのかどうかを検討したいのですが、まずは個々の考え方を取り上げるというより図式を整理してみましょう。

　試合の目的は勝利です。勝利のためには、攻撃時にはなるべく多くの得点を挙げることが目標となります。打順というのは攻撃に関する要素ですから、どのような打順を組むと得点が最大化できるかという観点で考えるべきです。

　このように捉えた場合に**最も基本となる打順の考え方は得点創出能力に優れた打者から順番に並べるというもの**です。なぜなら１番に近い打順ほど多くの打席が回ってくるのであり、加重出塁率が高い順番に並べておけば得点の見込みが最大化されるはずだからです。この「強い順」の打順が考え方の基本線となります。

　統計的に、打順がひとつ下がると年間の打席数は約15打席減ります。１番を打たせれば650打席回ってくるときに２番に下げれば635打席になるということです。加重出塁率が.400前後の打者であれば打順をひとつ下げると年間の得点の見込みは約１点減少します。

感覚的には長打が多いような強打者にはランナーを溜めて回したいという気持ちに駆られますが、強打者を1番から4番に下げると、その時点で「強い順」の並べ方に比べると3点の損失になるわけです。ランナーを溜めて回すことによる利益がこの3点を上回ってはじめて例外的な並べ方が正当化されます。強打者の打順を下げるというのはマイナスを取り返すところから始まる勝負なのです。

2.「野球ゲーム」に試させる

　もちろん「強い順」というのはあくまで考え方の土台であり、常に結論として正しいわけではありません。ではどのような打順の組み方が一般的に有効なのでしょうか。

　打順の研究で活躍するのがコンピュータによるシミュレーションです。例えば打者Aは8％で四球、15％で単打、5％で二塁打……、打者Bは5％で四球、17％で単打、8％で二塁打……といったふうに9人の打者のプロファイルを設定していき、乱数によるシミュレーションで試合を行わせます。野球ゲームに自動でペナントレースを行わせるようなイメージです。そして9人の打者で考え得る打順の組み合わせ（ちなみに36万2880通りあります）を総当たり的に試してみて、どのような打順でチームの得点が高くなるかを探ります。

　シミュレーションによる分析では一般的に次のような示唆が得られることが多いです。

① 基本的には打力の高い打者から上位に並べるべきである

② ただしチームの最強打者は2番に置くべきである

③ 打順の違いによる年間の得点数の変化は微小である

第五節　どんな打順が最適か

１．打順論の原則的な図式

　打順に関する経験則的な議論は多く蓄積されています。曰く、１番打者は打率が高く盗塁のできる俊足のバッター、２番打者は繋ぎのバッティングができてバントのうまいバッター、３番には巧打と長打を兼ね備えたバッターを置き、４番に最強打者、５番にはチャンスに強い打者……等々。

　ここではこうした従来のセオリーが正しいのかどうかを検討したいのですが、まずは個々の考え方を取り上げるというより図式を整理してみましょう。

　試合の目的は勝利です。勝利のためには、攻撃時にはなるべく多くの得点を挙げることが目標となります。打順というのは攻撃に関する要素ですから、どのような打順を組むと得点が最大化できるかという観点で考えるべきです。

　このように捉えた場合に**最も基本となる打順の考え方は得点創出能力に優れた打者から順番に並べるというもの**です。なぜなら１番に近い打順ほど多くの打席が回ってくるのであり、加重出塁率が高い順番に並べておけば得点の見込みが最大化されるはずだからです。この「強い順」の打順が考え方の基本線となります。

　統計的に、打順がひとつ下がると年間の打席数は約 15 打席減ります。１番を打たせれば 650 打席回ってくるときに２番に下げれば 635 打席になるということです。加重出塁率が .400 前後の打者であれば打順をひとつ下げると年間の得点の見込みは約 1 点減少します。

様々なパターンで試してみて、結果として得点数が多くなる打順で最強打者が２番になっていることが多ければ、どうも２番に最強打者を置くことが有効らしいということがわかります。「強い順」に抵抗を覚える感覚は正しく、やはり最強打者の打順を少し下げることは損失を上回る利益をもたらすようです。ただしそうした細部を除けば、基本的にはやはり打力の高い順に並べることが有効であることはシミュレーションからも支持されます。

　そして③の打順の違いによる影響は小さいということについてですが、これはセイバーメトリクスの定説でありある意味打順論で最も重要な点です。一般的に採用されている打順をコンピュータ・シミュレーションによって最適化したとしてもそれによって増加する年間の得点数は数点とされる場合が多いです。

　強打者の打順をひとつ下げると打席数の減少によって減る得点が年間１点であるという時点で数字が小さい印象があったかもしれませんが、打順を多少いじることによる影響というのは常にその程度のスケールの問題なのです。

　最適な打順についての議論は解説者やファンの話のネタとしては人気がありますが、定量的な影響度としては打者の好不調によって本塁打数が何本か変わればひっくり返ってしまう程度のものです。

　もっとも打順を最適化することの影響が何点かというのは一般的な結論を出すことはできない問題です。というのも打線を構成する選手の内容はチームによって異なり、可能性としては無数のパターンが考えられるからです。打者ごとに打力の差が大きく、かつ効率の悪い打順を組んでいるチームであれば打順を組み直して大きな効果が得られる場合もあるでしょう。逆に打力の差が乏しいチームであれば順番の並び替えはあまり影響を持ちませんから、一般的に言われているよりもさらに打順を変えることの効果は小さくなります。

　なおここでいうシミュレーションは打者ごとの能力を常に一定と

考えます。現実世界に即して考えると、例えば普段4番を打っている選手がいきなり2番で起用されたら打順に合わせたバッティングを意識して打撃成績自体が変化することも考えられるでしょうが、シミュレーションはその点は考慮しません。これはシミュレーションの非現実性というよりは分析においてどこまでを打順の議論として定義するかの問題です。各打者の打撃成績は固定した上でその打順の組み合わせ方でどう得点が変わるかを知るのがここでの問題関心であり（あるいは打順の分析の第一ステップであり）、それとは別に打撃成績が下がればその分得点が下がるのは当然で、必要ならそれはそれで分析すればいいでしょう。

3．打順の文脈を解析する

得点期待値に基づいた考え方によれば「強い順」が原則でした。他方、シミュレーションによれば最強打者は1番ではなく2番に置くのがいいらしいことがわかりました。しかしシミュレーションは結果的にその打順で得点が多くなるということを教えてくれるのみであり、それがなぜなのかはわかりません。

この部分を検討すべく理詰めで「各打順をとりまく状況」を解析していったのが、度々登場するトム・タンゴらの『ザ・ブック』です。

タンゴは打順別に得点価値を計算するという方法でこの問題にアプローチしました。第一章で紹介した得点価値は、あらゆる状況を平均した場合のものです。例えば本塁打1本の価値が1.4点であるというのはあらゆる場合のホームランによる得点増加の平均値です。しかし打順で細分化して考えると、1番打者の本塁打は走者が少ない場面で発生することが多いですから他の打順が打つ本塁打よりも価値が低い傾向にあります。逆に四球や安打などの出塁はノー

アウトで発生するものとなりやすいので価値が高くなります。そして4番打者や5番打者の本塁打は走者がいる場合がやや多くなるため価値が高くなります。

このように各打順をとりまく状況を加味して得点価値を計算していくと、それぞれの打順にはどのような打者を置くのがいいのかがわかってきます。本塁打の得点価値が高い打順には本塁打の多い打者を置くのが有効であり、四球の得点価値が高い打順には四球の多い打者を置くのが有効です。さらにタンゴの計算は打順を下げれば年間の打席数が減ってしまうことも加味しているため、打順が下がるほど得点価値が下がっていくように補正もされています。

上記の詳細な分析の結果として、タンゴは打順を3つのグループに分けました。第一のグループは1番・2番・4番です。これらの打順はおおむね同等に最も重要であり、チームで打力が高い3人の打者をここに入れるべきとされます。次に重要なのが3番と5番で、上位3人に次いで優秀な2人をここに入れることになります。残りの6番から9番は相対的に重要性が低くなるため、残りの打者を打力順に6番から入れていくかたちが推奨されます。

物凄くざっくりまとめてしまえば1番から5番に良い打者を置けと言っているのであり特に意外な分析結果ではないのですが、タンゴの分析で面白いのは2番と3番の優先順位が従来の定説とは逆になっていることです。

一般的には2番は繋ぎの打者で3番に強打者が置かれることが多いです。しかしシミュレーションは最強打者を2番に置くべきとしており、タンゴの分析でも3番の優先度は2番に劣ります。これはなぜなのでしょうか。

タンゴの分析を踏まえると、3番というのは2アウトで打席が回ってくることが多いため優れた打者の能力を活かしにくい打順であることがその理由だと考えられます。仮に1番・2番の出塁率

が .350 であれば初回の 3 番打者は 42% の確率で 2 アウトランナーなしの状況で打席に入ります。この時点の得点期待値は 0.087 であり、ここからヒットを打ったところでほとんど得点が見込めない状況となってしまっています。具体的にはイニングの先頭打者が一塁に出るかアウトになるかでは 0.6 点近い得点期待値の増減があるのに対して、2 アウトだとその幅は 0.2 点に減少します。こういった状況が起こりやすい打順にわざわざ優れた打者を置くのは有効でないということです。優れた打者は 3 番ではなく 2 番に置くという発想の転換は重要でしょう。

　もちろん前述の通り打順はそもそも非常に小さな影響しか持ちませんから、2 番と 3 番を正しい順番に入れ替えたからといってそれで変わる年間の得点数は微々たるものです。しかしこれはメジャーリーグの分析であり、日本においては 2 番に小技を重視してかなり打力の低い打者を置くこともありますから、年間の総得点という観点ではそれなりの損失を生んでいる可能性があります。シミュレーションや分析によればむしろ最強打者を置くべきところに下手をすれば平均よりも劣る打者を置いているのですから、このことによる得点減少は無視できないでしょう。

　その分送りバントや繋ぎのバッティングでうまく得点を生み出しているのだからいいという見方もあるかと思いますが、本章第一節で見たようにそもそも送りバント自体が有効な戦術ではないという点も考慮に入れるべきです。また、2 番打者の役割というと「1 番打者が出塁したときにどう繋ぐか」というシーンがイメージされやすいですが、1 番打者の出塁率は高くても 4 割くらいであり、初回に出塁する確率よりも出塁しない確率のほうが高いのですから、「先頭打者がアウトになった場合」をむしろ標準的なケースとして考えるべきではないでしょうか。

4．ストーリーよりも出塁の集中

　細かい点を省略すれば、セイバーメトリクスによる打順の分析結果は強打者を上位に固めろというシンプルなものです。最強打者を２番にしたほうがいいとか強打者を置くなら３番よりも２番がいいとか若干の発見はありますが、強打者を上位に固めるという原則を外さなければそのあたりの多少の違いは総得点にほとんど影響を与えないことがわかっています。

　ここから示唆されるのは打順を考える上では「１番が塁に出て２番が繋いで３番と４番で還して……」といったストーリー的な捉え方よりも、３アウトでイニングが終わるのを９回繰り返すまでにいかに四球や安打などの事象が集中する確率を高めるかという考え方が重要らしいということです。そのためには優れた打者を上位に集めることが基本方針になります。シミュレーションによって最適化してもあまり得点の増加がないということは、逆に言えば従来採用されている打順の組み合わせもその基本方針を大きく外してはいないということです。たしかに一般的には上位打順に優れた打者が、下位打順に劣る打者が起用されますからこれは間違いありません。ただし日本野球の２番打者については、送りバントなどの点も含め様々な意味で再考の余地があるものと思われます。

第六節　年齢とパフォーマンス

1．選手のキャリアと年齢曲線

　個々の選手のキャリアを考える上でもチームが編成の戦略を考える上でも、年齢という要素は極めて重要です。チームの主力選手がまだ 20 代でしばらくは柱としての活躍が見込めるのか、それとも 30 代後半に差し掛かっており後釜の獲得・育成が必要なのか。それによってチームのドラフト指名や起用方針なども大きく変わってくるでしょう。

　ここで問題となるのは、いったいプロ野球選手のパフォーマンスというのは年齢に応じてどのように変化していくのかという問題です。なんとなく 20 代は成長していく時期であり、30 歳くらいで円熟した時期を迎えて 30 代中盤から後半で衰えていくようなイメージはありますが、これは一般的な傾向として正しいのでしょうか。本節ではこの点を分析していきます。なお、本節の分析は著者が過去に発表した論文に基づいており、対象としているデータは 1950 年から 2010 年の日本プロ野球です。

　基礎的な資料として、まずはどのような年齢の選手の出場が多いのかというデータを見てみます。これは普通に野球を観戦しているファンがどういった年齢の選手を目にする機会が多いかという感覚と一致するはずです。

　図 2-6-1 は年齢別に打者の打席数を集計したグラフです。最も打席数が多い年齢を 100% とした比率で表しています。28 歳の選手の打席数が最も多く、そこから年齢に応じてなだらかに出場機会は少なくなっているという分布です。

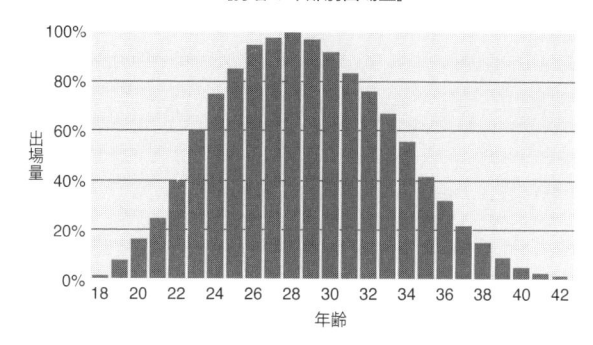

図 2-6-1
[打者の年齢別出場量]

投手についても同じ趣旨の集計を投球回を対象に行ったのが図 2-6-2 です。こちらは 25 〜 26 歳が最も多く、高齢になってからの出場は打者よりも少ないことがわかります。

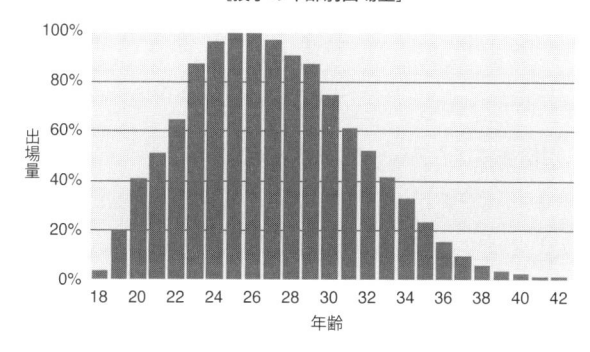

図 2-6-2
[投手の年齢別出場量]

2．データから年齢の影響を引きだす

図 2-6-1 と図 2-6-2 は単にどの年齢の選出の出場が多いかということを表しただけであり、出場が多い年にパフォーマンスが高いのかどうかは必ずしも明らかではありません。年齢に応じてどうパフォーマンスが変化していくのかを知るためには、統計的にはやや

複雑な手順が必要になります。下記で説明するのはデルタ・メソッドやマッチド・ペア分析などと呼ばれる手法で、大事なところですので順を追って説明していきますが最初わかりにくければ結論を見てから説明に戻ってきていただいても構いません。

① 同じ選手で連続する年のデータを集める

年齢の影響だけを抽出するために重要なのは、異なる選手同士を比較するのではなく同じ選手で年齢ごとの比較を行うことです。このために、例えば22歳と23歳の両方の年で出場した選手のデータというように同じ選手で連続した年のデータの「ペア」を集めていきます。

この比較を23歳と24歳、24歳と25歳……というように連続する全ての年について行っていけば、年齢の変化に応じてパフォーマンスがどう変化するのかを調べることができます。この「同じ選手の中での比較」を全選手について行います。

② 現役最終年のデータを対象から除外する

集計にあたって選手の現役最終年のデータは除外します。シーズンの出だしで極度の不振に陥り、その後も起用されていれば「平均への回帰」である程度は成績が持ち直すことが見込まれたのにもかかわらず、首脳陣の人為的な選択によって起用を断たれそのまま引退してしまったようなケースを対象から外すためです。

この操作を行わないと本来の年齢による変化よりも悲観的な（年齢が増すとパフォーマンスが悪化する）方向に偏った結果が出ることになります。ただし実際の影響は軽微なのでこの点はあまり気にしなくても構いません。

③ 連続する年のうち「少ない方の打席数」で重みづけして平均する

　こうして集めたデータのペアをどう集約するかですが、各データは信頼性に応じて重みをつける必要があります。例えばA選手が25歳のときに500打席で加重出塁率が.340、26歳では500打席で.350であり、B選手が25歳で200打席.330、26歳で50打席.250だとすると、単純に二人の加重出塁率を平均するとB選手の成績悪化に引っ張られて25歳から26歳ではパフォーマンスが悪化するという結論になってしまいます。しかしB選手の26歳の年は50打席しか出場がなくその変化の傾向はほとんどあてにならないため、一般的な傾向を導くにあたってはA選手に重みをつけるような集計方法が必要となります。

　そこでよく用いられるのが連続する年のうちいずれか少ない方の打席数で重みをつけるという方法です。この例の場合A選手が500、B選手は50の重みを与えられることになり、A選手のデータが10倍重視されます。片方に打席数の少ない年があれば変化の傾向そのものが信頼できませんからこの方法は妥当性を有するでしょう。もっとも一見常識に反するようなB選手のデータも、そのようなケースがあるということもまた事実ですから重みは減らしつつもきちんと拾ってあげることが重要です。頭の中にある結論に合わせてデータを捨ててしまうということではなくあくまでも信頼度に応じて扱いを分けるということに過ぎません。

　このように過去のデータを集計していくことで、年齢だけの要因で選手の成績がどのように変化していくかを知ることができます。

３．打者の年齢曲線

　打者についてはまず得点を生み出すパフォーマンスを表す加重
出塁率について、年齢に応じてどう変化するかを見てみます。図
2-6-3 が加重出塁率の年齢曲線で、最も高い年を 1.00 とする比率
で表しています。

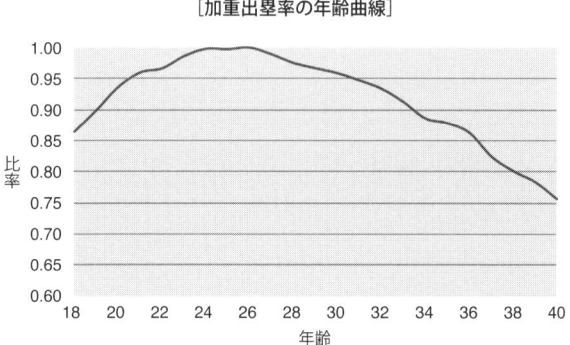

図 2-6-3
［加重出塁率の年齢曲線］

　打者の得点創出能力は 26 歳で最も高くなることがわかりました。
これは実はメジャーリーグの研究でも同じで、26 歳か 27 歳がピー
クという結論になることが多いです。打者のピーク年齢はそのあた
りと考えていいでしょう。

　これは一般的なイメージよりはやや早い年齢です。イメージと
データが異なる原因としては、データが過去に出場した全ての選手
から傾向を出しているのに対してイメージで考えるときはついつい
長く現役を過ごした選手のキャリアを思い浮かべてしまいがちなこ
とが考えられます。

　結果的に 40 歳くらいまで現役を過ごした選手は 20 代に実力を
伸ばして 30 代に脂が乗って徐々に衰えていくようなパターンの
キャリアを過ごすこともあるでしょう。しかしそれは過去に一軍出
場した全ての選手から考えるとごく一部の例外的な成功例です。そ

の陰には若いうちに一時期活躍したものの数年で結果が出せなくなりひっそりと引退していった数多くの選手がいます。そういった選手も含めて重みづけした平均をとると、このような傾向が得られるということです。

　さらに内容を探るために本塁打・三振・四死球の打席あたりの割合がどのように変化していくかをそれぞれ見たのが図 2-6-4 です。

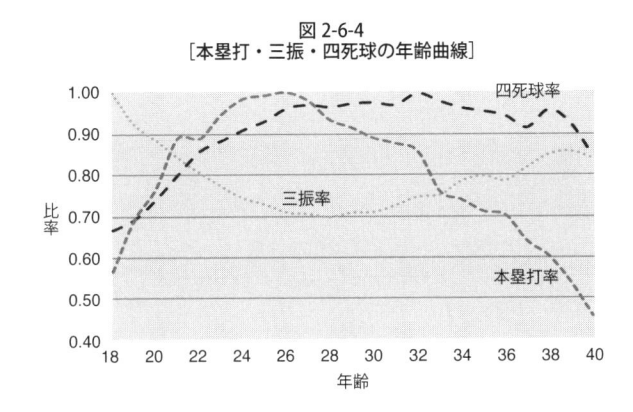

図 2-6-4
［本塁打・三振・四死球の年齢曲線］

　本塁打率に関しては 26 歳までに急速に上昇していき、その後はまた急速に衰えていきます。これは加重出塁率の変化の大きな要因を占めています。三振も若いうちは減少していって 28 歳で最も少なくなり、それからまた増えていきます。四死球率に関しては年齢を重ねても衰えにくいことがわかります。

４．投手は消耗品？

　投手に関しても打者と同じ考え方で年齢曲線が導出できます。防御率を指標として年齢による変化をグラフにしたのが図 2-6-5 で、防御率は低いほど望ましい指標であるため最も低い年を 1.00 とす

る比率で表しています。

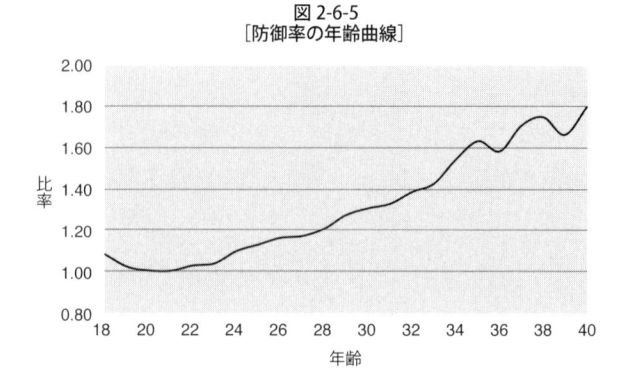

図 2-6-5
［防御率の年齢曲線］

投手に関しては 21 歳がピークでその後は年齢を経てるごとに防御率が悪化していく結果となりました。この結果はなかなか衝撃的で、投手に関する運用や育成といった問題に与える示唆としては大変に興味深いものです。

投手の肩は消耗品であるとよく言われますが、その事実がデータにも表れていると考えることができるのかもしれません。年齢を重ねれば技術が向上するという側面があるにしても、一般的には技術の向上を肩の摩耗が上回ってしまうという図式も考えられます。

一流の投手の中には若いうちにだんだん成長していって 30 前後で円熟味を増す投手もいるかもしれませんが、そういった選手が全体のうちのごく一部にすぎないことは野手のところで考えた通りです。年齢別の出場量で見たときに投手の方が打者に比べて若い選手の比重が大きかったことも思い出してください。

なお、アメリカでも年齢曲線の分析をすると同じような結果が出るのですが、これが実態として正しいのかどうかについては色々と議論がなされています。結果がこう出ているのだから実際にこうなのだという見解と統計処理の仕方を改めればもう少し打者に近い年齢曲線になるはずだという見解があります。

ここではひとまず、投手は打者よりも早い時期にピークを迎えるようだと結論しておきます。

　また投手について打者と同様に打席に対する本塁打・三振・四死球の年齢曲線を作成したのが図 2-6-6 です。端的に言えば奪三振は年齢とともに減っていき、被本塁打は増えていき、四死球は一旦減るがその後はほぼ横ばい、という傾向になっています。

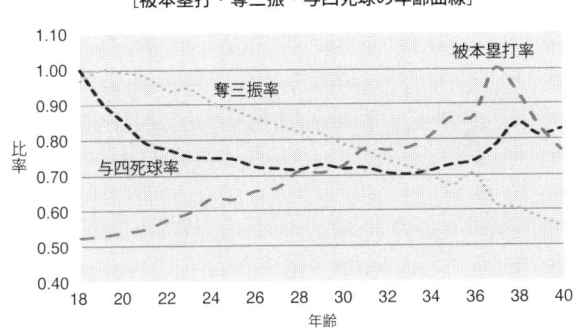

図 2-6-6
［被本塁打・奪三振・与四死球の年齢曲線］

5．年齢曲線をめぐる論点

　年齢曲線を用いる上での注意ですが、ここまで見てきた年齢曲線は一般的な傾向に過ぎません。ピークを過ぎた年齢の選手は必ず成績が落ちると言っているわけではありませんし、能力が伸びることがないとも言っていません。個別の事例で見れば当てはまらない選手がいるのはむしろ当然です。「こういう年齢曲線のデータが統計で出ているのだから」ということで今後の選手の行く末を決めつけるような態度には慎重になるべきです。

　他方で第一章において「原則と例外」について述べた通り、一般的な傾向を分析したときにこのような年齢曲線が出てくるというこ

ともまた重要な事実です。「年齢曲線はあくまでも一般論だから当てはまらない」ということを全員について言うことはできません。集団としては「集団としてはこうなる」という傾向から逃れられないのです。年齢曲線というデータを知りつつそれに振り回されないためには、このあたりのバランス感覚が重要になります。

　なおそのほかの論点として、年齢の変化にともなう守備力の変化に関しては日本では守備に関するデータの蓄積が乏しいため現在のところ分析されていませんが、メジャーリーグの研究によれば打撃より衰えが早く、遊撃手について 23 〜 28 歳をピーク年齢と推定した研究があります。

　またひとつの重要な指摘として、ここまで見てきたような全ての選手を一括して捉えた年齢曲線ではなく、選手の類型によって異なる年齢曲線を想定すべきだという意見もあります。例えば体の大きいホームランバッターと小柄な俊足の選手では、年齢による変化のパターンが異なるだろうという見方です。全体を束ねて観察したときに一定の傾向があることも重要ですが、こうした見解にも傾聴すべきところがあるでしょう。今後の日本の分析の発展が期待されるところです。

第七節　打たせて取るピッチングは存在するか

1．セイバーメトリクス史上最大の発見

　2001 年 1 月 23 日、アメリカのセイバーメトリクス系ウェブサイトであるベースボール・プロスペクタスにボロス・マクラッケンという人物による衝撃的な論文が発表されました。その内容は「**メジャーリーグの投手は（本塁打以外の）被安打を防ぐ能力を持っていないようであり、被安打は投手を評価するのに意味のある数字ではない**」というものです。つまり、どれだけ（本塁打以外の）安打を打たれていようが打たれていまいが、投手の評価には関係がないということです。このように考えるとよく言われる「打たせて取るピッチング」は存在しないことになります。

　前提として、従来は**失点の阻止における投手と野手の責任を切り分けることは不可能**であると考えられていました。たしかにある打球が（本塁打ではない）ヒットになったとして、それが投手のせいなのか野手のせいなのかは一概に判断できないところがあります。投手自身の被打率が高いことに関して言えば、それは基本的には投手自身の責任だと考えられていたでしょう。

　マクラッケンはこの投手と野手の責任を切り分ける問題に挑戦しました。彼が行ったのは、投手にまつわる数字の中から野手の関与しないものとそれ以外を分ける作業です。マクラッケンによれば守備から独立した数字は奪三振・与四死球・被本塁打のみで、それ以外の勝敗や自責点、被安打といったものは全て守備が関係しています。これ自体は特に問題ありません。

　マクラッケンが独創性を見せるのはここからです。**彼は守備から**

独立した項目である奪三振・与四死球・被本塁打のみを利用し、**被安打を無視する評価方法を提唱しました**。その背景として、被本塁打以外の被安打は投手にとって非常に不安定な要素であり、投手の能力がこれを決定しているとは考えにくいという事実を挙げています。

　この問題を分析するためにインプレー打率という指標を導入します。インプレー打率は英語では **BABIP（Batting Average on Balls In Play）** と呼ばれている指標で、**簡単に言えば本塁打以外の打球が安打になった割合**を表します（ただし、ファウルについては打席の結果にならないのでアウトになった場合だけが数えられることになります）。

$$インプレー打率（BABIP）＝\frac{被安打－被本塁打}{対戦打者－奪三振－被本塁打－与四死球}$$

　検討すべきはこのインプレー打率の高さが投手の能力によって決まるのかどうかです。マクラッケンは投手ごとのインプレー打率は非常に一貫性に欠け、安定したものではないことを指摘しています。例えば 1998 年のグレッグ・マダックスはインプレー打率が最も優れた投手の一人でしたが、翌年には最も悪い部類に転じ、そして 2000 年にはまた良化と、結果がめまぐるしく変わっています。また 1999 年のペドロ・マルチネスはインプレー打率が最も悪い投手の一人でしたが、2000 年には優秀な結果になっています。インプレー打率ではこうしたことが頻繁に起こるというわけです。

　勝負強さの分析で見たような「ある年と次の年の相関を測る」というテストを行うと、インプレー打率に関してはほとんど傾向がランダムであるという結果が得られます。つまり、ある年インプレー打率が低かった投手が翌年も低いという傾向はなく、翌年は高くなるかもしれないし平均的かもしれないし低いままかもしれない、と

いったように予測ができないものとなります。もし投手の能力によってインプレー打率の高さが決まっているのであればこうした現象は起きないはずですから、**インプレー打率は投手の能力で決まっているわけではない**という結論が導かれます。インプレー打率が何によって決まるのかはとりあえず定かではありませんが、とにかく投手が制御できるものではないようです。

そんなはずはない、と誰もが思いました。マクラッケンの論文には多くの反論が寄せられ、多くの人がその理論を批判すべくデータを分析しました。しかし研究が追試されればされるほど、むしろマクラッケンの正しさが証明されていきました。

マクラッケンが提唱した投手の評価方法を**守備から独立した投手数値**（Defense Independent Pitching Stats, DIPS）と言います。守備から独立した数字で投手を評価するというのは現在のセイバーメトリクスの中核を占めており、極めて重要な理論です。マクラッケンの理論は一般的な感覚に反していたのみならずセイバーメトリクスの世界でも異端中の異端の考え方でした。かのビル・ジェイムズですら当初は懐疑的でしたが、その後マクラッケンが正しくその理論が重要であることを認め、30 年前に自分が思い至らなかったことを嘆いています。

2．インプレー打率の一貫性

ボロス・マクラッケンの主張を検証すべく、日本のデータを確認しておきます。図 2-7-1 は「ある年と次の年の両方で 300 打者以上と対戦した投手」のデータを 2005 年から 2018 年までの範囲で集め（延べ 569 人）、ある年のインプレー打率と次の年のインプレー打率との相関関係を散布図にしたものです。

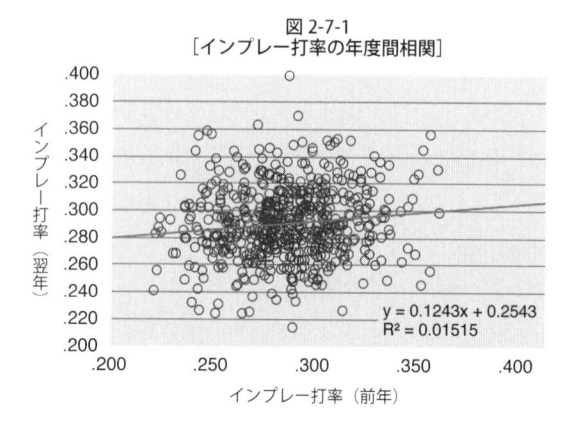

図 2-7-1
［インプレー打率の年度間相関］

y = 0.1243x + 0.2543
R² = 0.01515

縦軸：インプレー打率（翌年）
横軸：インプレー打率（前年）

　理論が示す通り、散布図はほとんどランダムなものとなりました。繰り返しますがこれは、ある年インプレー打率がすごく低い投手がいても、次の年には平均的かもしれないし高いかもしれないしまた低いかもしれず、その傾向は読めないことを意味します。

　一貫して高いとか低いということがないわけですから、投手ごとのインプレー打率は長い目で見れば平均的な数値（3割前後）の周辺に集まってくることになります。これは、打たせて取る能力が存在しないことの証拠になります。なお、守備の関与しない項目である奪三振・与四球・被本塁打は年をまたいでも一貫性があります。これらはおそらく投手の能力によって一貫して高く保ったり低く抑えたりすることができるのでしょう。散布図で確認しておきます。

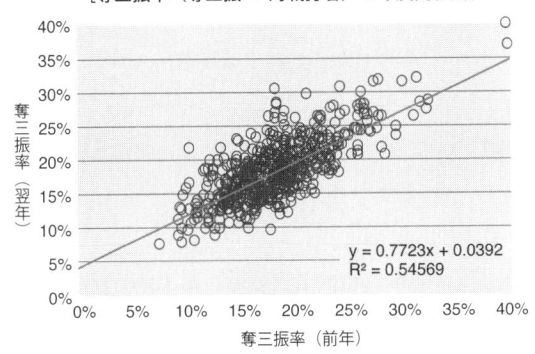

図 2-7-2
［奪三振率（奪三振 ÷ 対戦打者）の年度間相関］

y = 0.7723x + 0.0392
R² = 0.54569

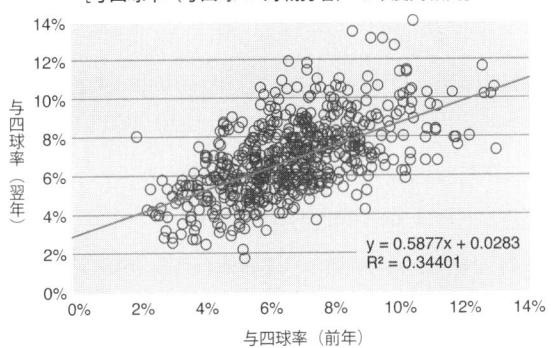

図 2-7-3
［与四球率（与四球 ÷ 対戦打者）の年度間相関］

y = 0.5877x + 0.0283
R² = 0.34401

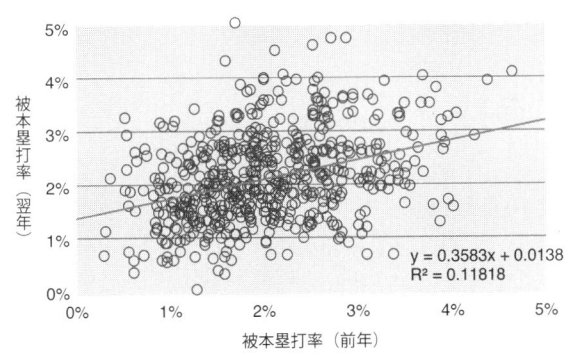

図 2-7-4
［被本塁打率（被本塁打 ÷ 対戦打者）の年度間相関］

y = 0.3583x + 0.0138
R² = 0.11818

特に奪三振は一貫性が高く、散布図上の点がきれいな右肩上がりとなっています。これは横軸（前の年）が低いときは縦軸（次の年）も低く、横軸（前の年）が高いときは縦軸（次の年）も高いという法則が強いことを意味します。与四球もそれなりに相関が強く、被本塁打に関してはやや稀な事象で安定しないためか奪三振・与四球よりは相関が弱いですがインプレー打率に比べれば強いというかたちになっています。

　なお奪三振に一貫性がありインプレー打率に一貫性がないということは、奪三振率とインプレー打率との間に相関がないことも意味しています。奪三振率が高いということは力強い投球をしており打たせる打球も弱いのではないかといった予想が立ちますが、そういうことはないようです。与四球が少ない投手は制球がいいから打たせて取るのもうまいとか、被本塁打が少ない投手は強い打球を打たせないからインプレー打率が低いとか、直感的にはそのような関連があってもよさそうですが統計的には全く見られません。インプレー打率は野球において謎の多い部分です。

　いずれにせよ、常識に縛られず客観的な事実を重視するセイバーメトリクスとしては、投手は被安打を少なくすることができるという従来の思い込みを一旦捨て、インプレー打率に一貫性がないという事実から出発しなければなりません。

3．謎を解く

　ボロス・マクラッケンの研究の段階ではインプレー打率が投手の能力で決定されるわけではないとして、では何によって決まるのかは定かではありませんでした。単なる運という見方もあれば、守備力で決まるという意見もあります。

これに関しては一概に割り切った答えが出せるものではなく、程度の問題で考えるしかありません。日本のデータを見る限りでは一貫性は極めて弱いですが全くないというわけではありませんし、そもそも投球の内容がインプレー打率に「全く」影響を与えないということはさすがに考えにくいです。守備や球場も何らかの程度で影響しているはずですし、もちろん偶然的な要素もあるでしょう。インプレー打率はむしろそれらの複合的な効果の産物であると考えるのが合理的な解釈です。あくまでも極論ではなく定量的に考える必要があります。

　このような観点からインプレー打率の決定要因に関する定量的な分析を行ったのがトム・タンゴ、アーヴィン・シュウ、エリック・アレンらの共同研究です。彼らは「700 のボールインプレー（打球）を持つ MLB の先発投手のインプレー打率はどのように決まるか」という条件設定で計算を行い、運・投球・守備・球場はそれぞれ次の割合でインプレー打率に影響していると結論しました。

運	44%
投球	28%
守備	17%
球場	11%

　運が最も大きい要因であり、そこから順に投球、守備、球場がインプレー打率の決定要因となっています。

　「運」というのはピンとこないかもしれませんが、インプレー打率に限らず打率だろうと打撃得点だろうと結果には必ず偶然的なばらつきがついてまわります。開幕 10 試合の時点の打率が選手の能力を的確に表すわけではないということについては誰もが同意するところかと思いますが、それは 1 年間の結果であっても、誤差の

大きさが減るだけで運の影響自体はあります。そしてインプレー打率のように選手の間に実力の差がない場合には優劣は運によって決まる割合が大きくなります。

　本書では「程度」の重要性を繰り返し指摘していますが、**インプレー打率についても投手ごとの一貫性がほとんどないことをまず受け止めつつ、そうした中でも投球や守備や球場といった要素がそれぞれ少しずつ影響はしているということを定量的に理解しておくことが重要になります**。打たせて取るピッチングは従来の野球人が信じてきたようなかたちでは存在しませんが、投球内容が被安打を防ぐのに全く影響しないわけではありません。

Column　ボロス・マクラッケンの論文

　ボロス・マクラッケンがベースボール・プロスペクタスで発表した論文の書き出しは「この話をすると、たいてい『お前は頭がヘンだ』という反応をいただく」というものです。この論文を大々的に発表する前からネット上のフォーラムなどで議論を行っていたようですが、それくらい当初の反応は厳しかったのでしょう。しかし重要なのは単なる感情的な批判で終わらずにきちんとデータ（事実）からマクラッケンの理論を検討しようとする人々がいたことです。これにより理論が精緻化され、セイバーメトリクスが発展してきました。

"Pitching and Defense: How Much Control Do Hurlers Have?"
https://www.baseballprospectus.com/news/article/878/pitching-and-defense-how-much-control-do-hurlers-have/

第八節　データで未来を予測する

1. 一貫しているものを見つける

　本節ではデータを使って将来の成績を予測することを考えます。トレードや FA を考えるにあたっては選手が将来どれだけ活躍するかの予測が重要ですが、この予測を統計から合理的に行うことができれば有用な情報となります。

　成績予測はプロジェクションとも呼ばれ、日本ではまだあまり議論がありませんがファンタジーベースボール（実在の選手で仮想のチームを作って競うゲーム）が盛んなメジャーリーグ界隈ではひとつの大きな分野となっています。

　未来予測の基本となるのが成績の一貫性です。選手の成績の中には期間をまたいでも一貫しているものとそうでないものがあります。一貫している成績をベースに未来を考えていくのが原則です。

　そして一貫性を測る方法としては勝負強さの分析や打たせて取る能力の分析で見てきたような「ある年と次の年の相関を測る」というのが一般的です。長いので、ここでは「ある年の成績と次の年の成績との間の相関関係」のことを**年度間相関**と呼ぶことにします。

　打たせて取るピッチングの分析で行ったのと同じように、連続する年でそれぞれ 300 打席以上出場した選手について様々な項目の年度間相関を計算した結果が図 2-8-1（打者）と図 2-8-2（投手）です。

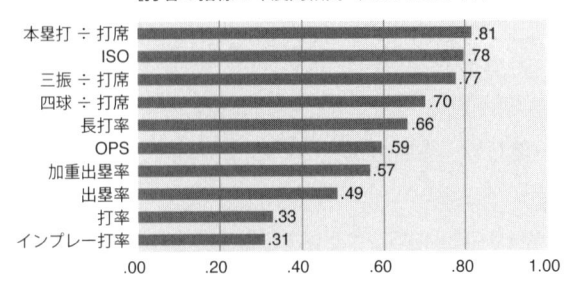

図 2-8-1
［打者の指標の年度間相関（2005-2018 年）］

指標	相関
本塁打÷打席	.81
ISO	.78
三振÷打席	.77
四球÷打席	.70
長打率	.66
OPS	.59
加重出塁率	.57
出塁率	.49
打率	.33
インプレー打率	.31

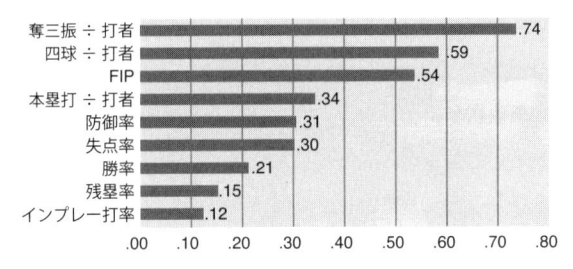

図 2-8-2
［投手の指標の年度間相関（2005-2018 年）］

指標	相関
奪三振÷打者	.74
四球÷打者	.59
FIP	.54
本塁打÷打者	.34
防御率	.31
失点率	.30
勝率	.21
残塁率	.15
インプレー打率	.12

　数字は相関係数という統計学的な指数です。これは片方が増える
ほど他方が増えるという関係が強いほど高くなる数字で、完全に相
関しているときは 1.00、相関関係がないときは 0.00、片方が増え
れば他方が減るという負の相関関係があるときはマイナスになりま
す。すでに勝負強さの分析で決定係数というものを見ましたが、相
関係数を二乗すると決定係数になるという関係があります。

　打者の方から見ていくと、相関係数が高いのは本塁打と長打力系
の指標、三振、四球といった項目になっています。打率やインプレー
打率は比較的一貫性が低いことがわかります。

　投手に関しては奪三振と与四球の一貫性が高いです。すでに見た
ようにインプレー打率の一貫性は非常に低く、相関が全くない場合
のゼロに近いものとなっています。防御率もかなり安定感に欠ける
指標であることがわかります。FIP は第三章で詳しく説明しますが

奪三振・与四球・被本塁打から投手を評価する指標です。

　これはボロス・マクラッケンの理論とも関係するところですが、能力を考えるにあたっては本塁打・三振・四球という守備が関与せずに完結する項目と守備が関与する打球とでは結果の意味合いがかなり異なります。本塁打・三振・四球に関しては打者・投手ともに一貫性が強い傾向にあり選手の能力を反映した数字として信頼が置けるのですが、グラウンド上に飛んだ打球の結果に関してはかなり気まぐれの混入したアテにならないものです。こうした背景から、本塁打・三振・四球という項目は「3つの真の結果（three true outcomes）」と呼ばれ、選手の真の能力を推し量る基本と考えられています。

　そして投手についてもうひとつ注目すべきは残塁率（Left On Base percentage, LOB%）という指標です。

$$残塁率（\mathbf{LOB\%}）＝\frac{被安打＋与四球＋与死球－失点}{被安打＋与四球＋与死球－1.4×\,被本塁打}$$

　これは文字通り出塁させた走者のうちどれだけホームを踏ませずに残塁させたかを表す指標です。残塁率の年度間相関は .15 と非常に低く、これは「出塁は許すもののうまく還さずに抑える」という傾向を一貫して続けることは難しいことを意味します。出塁は多く許したもののここぞというところで抑えて防御率を低くしているような投手は今後その傾向が続けられるか要注意ということです。第四節で見た打者の勝負強さにも通じるところのある議論かもしれません。

2．平均への回帰

　未来の予測を考えるにあたって考慮しなければならない重要な要素が「平均への回帰」です。平均への回帰とは、極端な結果は試行回数を増やすと平均的な値に近づいていく統計的な現象を言います。

　例えば、シーズン開始当初の打率は4割から2割まで幅広く分布しています。これはまだ打数が少ないために偶然によるばらつきが多く含まれており、選手の能力が結果に色濃く反映されていない状態です。そこからシーズンが進むと各打者の打率はだんだんと平均値付近に集まっていき、能力によって決まる割合が高くなってきます。これは打数が増えることで選手ごとの運・不運がだんだんと平均化されていって偶然によるばらつきが減り、実力による差のみが残っていくためです。これが平均への回帰です。

　このように考えるとシーズン開始当初の時点でシーズン終了時の打率を予測するときには平均への回帰を考慮しなければならないことが直感的にわかります。4月終了時点で4割打者がいたとしても、シーズン終了時点までにはある程度落ちていると予想する人がほとんどでしょう。そして一年間プレーしたからといって偶然の要素が完全に排除されるわけではないため、一年間の結果から選手の真の能力を推定する場合にも平均への回帰を考慮する必要があります。

　具体的にどのくらい平均へ近づければいいのかということですが、まさにこの目安になるのが先ほどの年度間相関です。平均への回帰も項目によってその意味合いは異なり、選手ごとの実力差が大きいもの（例えば本塁打）であればあまり回帰させる必要はありませんし、実力差があまりなく結果の差がもっぱら運によって決まるもの（例えば投手のインプレー打率）では大幅に回帰させる必要があります。一年間の結果であれば、年度間相関の分だけ能力として捉え、残りは平均への回帰させることになります。

$$予測値＝信頼性×実績値＋（1－信頼性）×平均値$$

　信頼性というのが、どれだけ平均への回帰させるかさせないかの尺度です。信頼性を具体的な数字として計測する方法はいくつかあるのですが、年度間相関はそのうちのひとつという位置づけです。

　試しにここまでの数字を使って500打席で本塁打が30本だった打者の翌年の本塁打数を予測してみましょう。本塁打率（本塁打÷打席）の年度間相関が.81ですから、上記の式の「信頼性」に代入する値は.81となります。そして平均的な500打席あたり本塁打数は13本程度であるため、平均への回帰を踏まえて考えた翌年の本塁打率の予測値は下記の通り27本となります。

$$予測本塁打数 = 0.81 \times 30 + （1 - 0.81）\times 13 = 26.77$$

　平均への回帰を適用しますから平均より高い実績値である30本よりも当然小さい値となります。しかし本塁打は元々その選手の能力が反映されている要素が強いため、あまり大きく回帰することはなく実績値に近い予測値となっています。

　投手のインプレー打率の予測はどうなるでしょうか。.250と優秀な値をおさめた投手で考えてみます。インプレー打率は年度間相関が.12ですから、平均値が.300だとすると、予測値は.294となります。

$$予測インプレー打率 = 0.12 \times .250 + （1 - 0.12）\times .300 = .294$$

　こちらは本塁打の場合と異なり、前年非常に優れた実績値を出していたとしても予測値はほとんど平均値と同じになってしまいます。これは前節でも述べてきた通りインプレー打率に投手ごとの一貫性

がほとんどないため統計的な予測としては平均に近い値を出すしかないということです。

　なお、ここでは「一年の結果」とおおまかに捉えていますが厳密に言えば平均へ回帰させる程度は打席数によって異なります。500打席の結果は300打席の結果より選手の能力をより反映していますので、回帰させる量は少なくていいことになります。

Column　野球は人生の縮図

　セイバリストのラッセル・カールトンはかつて、心理学の学位論文が書けず行き詰まっていました。

　カールトンは若者へのストレス（暴行や家族の死去など）が精神状態に悪い影響を与えることを確認しようとしたのですが、データを分析してみるとある年にストレスの多かった若者は翌年の精神状態が良くなっている結果が得られたのです。データ通りに考えると、殴ったり知人を危険にさらしたりするほど若者は幸せになることになりますが、そんなはずはありません。

　破綻した結果にも思えるデータの扱いに困っているとき偶然にも、カールトンはセイバーメトリクスについて平均への回帰の議論をしていました。そこでふと気がつきます。ストレスのデータにも同じことが言えるのではないか、と。

　知人の死などショッキングな出来事はそうそう一貫して起こるものではありません。そうすると、ある年にそうした出来事が多かった若者は、次の年は相対的にはそうした出来事に直面することが少なくなります。平均への回帰です。

　そのようなとき本人の主観的な感覚としては、自分の人生は良い方向へ向かっているような気持ちを持ちます。ここでもうひとつ加わるのが、野球ファンがひいきの選手の好調をずっと続く傾向と勘違いしがちな現象です。若者も同じように、平均への回帰によるト

レンドを漠然とこれからも続くものと期待するのでしょう。

　「ストレスが多いと翌年の精神状態は良くなる」という一見奇妙な
データがセイバーメトリクスで学んだ考え方でうまく説明でき、カー
ルトンは無事論文を書き上げました。カールトンはセイバーメトリ
クスが自分の学位論文を救ったといい、「野球は本当に人生の縮図で
ある」という思いを綴っています。

"How Sabermetrics saved my dissertation"

https://www.fangraphs.com/tht/how-sabermetrics-saved-my-
dissertation/

3．成績予測システム

　ここまでで得られた知見をさらに突き詰めつつ応用するようなか
たちで具体的に特定の選手の将来の安打数や本塁打数や四球数など
を予測するのが**成績予測システム**です。成績予測システムとは統計
を用いて将来の成績を予測するシステムの総称で、メジャーリーグ
ではかなりの数の成績予測システムが存在します。

　計算の手順はひとつひとつ見ていくと煩雑ですのでここに計算方
法を載せることはしませんが、存在としては面白いものですし考え
方を知っておくことは未来予測に有益であるため基本的な考え方を
紹介しておこうと思います。

　様々なシステムがありますから一概にこういう仕組みだとは言え
ないのですが、成績予測システムが行っていることの骨格は次のよ
うなものだと要約できます。

① 過去 3 年の情報を重みをつけて利用する

② 平均への回帰を適用する

③ 年齢の影響を加味する

この 3 つのステップで未来の成績が予測できるということです。

まず①の過去 3 年の成績を利用するということですが、先程は一年の成績から翌年の成績を予測することを考えましたが単にある年の打率が 3 割といっても、その前が 3 割 2 分なのか 2 割 5 分なのかで将来の予測は変わってくるでしょう。元となるデータを一年に限定する必要はなく、もう少し過去まで見てみようという単純な考え方です。もちろん 3 年という期間に決まりはありませんが、あまり昔のデータまで見ても現在との関連が薄くなりますから 3 年くらいがよくある落としどころです。また、過去のデータも使えるといっても現在に近いデータほど未来との関連が強いですから、現在に近いデータにより重みがかかるように計算します。

次に②の平均への回帰ですが、これは先程見た通りです。そして③の年齢の影響は第六節で見た年齢曲線で、これも傾向として予測できる変化ですから当然織り込みます。

こうした成績予測システムの中で最もシンプルでわかりやすいのがトム・タンゴの開発したマーセル（Marcel）です。マーセルはタンゴによれば最も基本的な予測システムで、彼がひとつの基準として提示したものです。①〜③の考え方をそのままなぞるようなかたちで計算され、メジャーリーグのデータサイトなどで結果を見ることができます。

実のところ成績予測システムによる予測値はそれほど正確に当たるわけではありませんから大きな期待はできません。しかし開幕前の主観的な予測だと「新しい変化球を覚えたから今年は 15 勝できる」「キャンプで動きが良かったから 30 本打てるだろう」といっ

た場当たり的な予測をしがちです。これに対して成績予測システム
は「過去の実績からすればだいたいこのくらいが順当なラインだろ
う」という水準を冷静に提示してくれますから、未来を考えるにあ
たってのひとつの基準にはなります。

　なおこの点に関して興味深いリポートがあります。アメリカのセ
イバーメトリクス系ウェブサイトであるファングラフは各種の数理
的な成績予測だけでなく読者であるファンの集合知による主観的な
予測も掲載しています。デイブ・キャメロンはこれを利用してファ
ンとアルゴリズムにどのような傾向の差があるのかを分析しました。

　キャメロンによると、何よりもまずファンはあまりにも楽観的す
ぎるようです。勝利への貢献度で言うと2割程度、アルゴリズム
よりも将来を楽観する傾向にあります。そしてそのことを割り引い
た上で改めて比較を行うと、ファンは若手の選手を過大評価し、ベ
テランを過小評価することがわかりました。将来に夢を見るからこ
そのファンなのでしょうが、これらの点については成績予測システ
ムの方が偏りはないようです。

Column　セイバリストの選挙予測

　セイバーメトリクスの世界で有名な成績予測システムのひとつに
ネイト・シルバーの開発した PECOTA があります。彼は会計事務所
に勤めているとき業務の合間に PECOTA を開発、後にそれをベース
ボール・プロスペクタス（ボロス・マクラッケンの論文が発表され
たウェブメディアです）に売り込み、自らメンテナンスを手掛けな
がら毎年結果を発表していました。

　シルバーはその後政治の統計的予測へと活躍の舞台を広げ、2012
年の合衆国大統領選挙では 50 州全ての結果を的中させて大変な注目
を浴びました。現在はデータ・ジャーナリズムを標榜するファイブ
サーティーエイトというウェブサイトを立ち上げ、政治やスポーツ
をはじめとして経済や文化・科学についてもデータの観点から切り
込んでいます。セイバーメトリクスの基礎にあるデータから様々な
問題を分析する手法は、他分野でも力を発揮するのかもしれません。

"FiveThirtyEight"

https://fivethirtyeight.com/

第三章

選手評価論

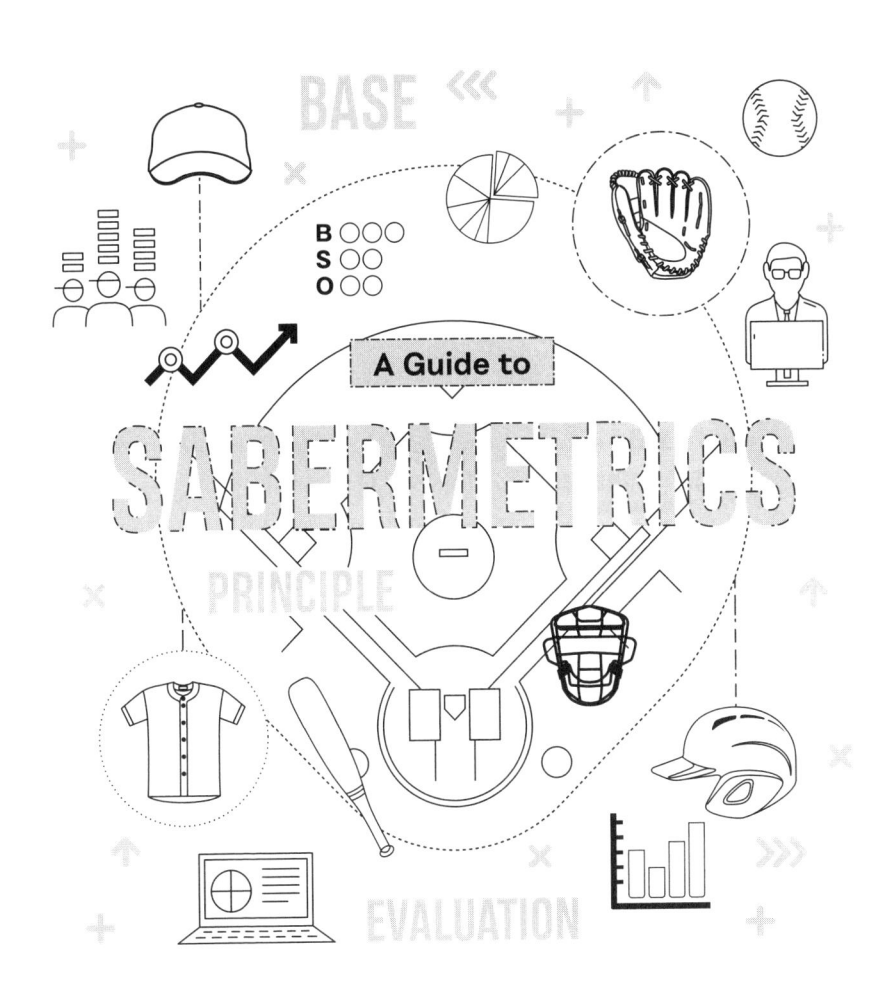

第一節　選手評価の基礎

1．選手評価の体系

　前章では戦術や一般的なセオリーについての検討を行いました。本章では、個々の選手を評価する方法について考えていきます。例えばある打者と別の打者を比べてどちらがよりチームに貢献しているのか、守備も含めて考えるとどうか、その理由はなぜか、といった問題を考えるのがこの選手評価論です。

　選手評価論においては打撃や守備による貢献度をどのように分析するかを検討しつつ、ひとつの体系として**「走攻守全て総合してある選手がどれだけチームの勝利を増やしたか」を示す数字である勝利貢献値（Wins Above Replacement, WAR）を理解する**ことがゴールとなります。

　つまるところ試合の目的は勝利であって、選手の価値なり貢献度というのはチームの勝利をどれだけ増やしたかで評価されます。そしてそれは打撃による貢献もあれば走塁による貢献もあれば守備による貢献もあり、全てを総合して捉える必要があります。

　そのような数字をいきなりポンと出すことはできませんから、以下では選手の評価の考え方の基本をまとめた上で、打撃の評価、走塁の評価、守備の評価、投球の評価についてそれぞれ検討します。そしてその後、全ての評価を総合して勝利貢献値を出すことを考えます。

　勝利貢献値は 2000 年代後半に理論がまとまり実際に算出が行われるようになったセイバーメトリクスのひとつの到達点です。英語では WAR と呼ばれるこの指標は、一定の理論的なフレームワーク

はあるのですが、データサイトや研究機関によって様々に異なる方法で計算がなされており結果は微妙に異なります。現在のところそれらのうちどれが絶対的に正しいとは言えませんし、また計算方法はまさに日進月歩で絶えず進化しており、よく改定されます。

このように言うと未完成で心許ないもののように感じられるかもしれませんが、これは例えばGDP（国内総生産）のようなものだと言われています。GDPの計算方法も改定されることがありますが、「だから未完成で使えない」ということではなく、そのときにできる最善の技術と情報で算出を行っており常に改善の努力を尽くしているということなのです。そして何より重要なのは、その中身を理解して、意味のある範囲で用いることです。

本書では執筆時点現在でデータサイト「1.02 - Essence of Baseball」に掲載されている勝利貢献値を念頭に置きつつも、特定のどの勝利貢献値ということではなく、一般的な計算方法で勝利貢献値の算出方法と理論的な枠組みを紹介するということとしたいと思います。このためアメリカのデータサイトで勝利貢献値（WAR）を閲覧しても本書で説明しているそのままの計算方法で算出されているわけではないことにご注意いただきたいと思います。詳しくは各データサイトの説明書きをお読みいただくしかないのですが、本書で枠組みが掴めていれば理解は難しくありません。

Column　1.02 - Essence of Baseball

野球のデータ分析を専門とする組織である株式会社DELTAが運営するセイバーメトリクス系ウェブサイト。プロ野球の詳細なデータや高度な指標、分析コラム等をコンテンツとして提供しており、セイバーメトリクスに関する情報を得るには有益です。本章でも必要に応じて同サイトより指標の数字を引用します。

2．勝利との関係で捉える

　選手評価論においてもまず重要なのは、第一章でピタゴラス勝率や得点期待値の意義で述べた通り、選手の働きを勝利や得点との関係で捉えることです。漠然とホームランバッターは怖いとか、俊足の選手の方が相手に嫌な感じを与えるとか、感覚的な議論をしているだけでは具体的に選手がどれだけ勝利に貢献しているかがわかり**ません。試合の目的は勝利ですから、なるべく選手の働きを勝利との関係で捉えた上で客観的かつ具体的にその量を測ることを考えます。**

　戦術の分析でも得点期待値を用いたように、選手の働きをいきなり勝利数に換算するのは難しいですからまずはプレーを得点に換算し、それから最終的に勝利への貢献度を計算するというのが一般的な流れです。

3．中立的に評価する

　選手評価におけるもうひとつの大原則が、**プレーをとりまく状況や環境など、選手以外の要因に左右されないように評価を行うこと**です。これは中立的な評価と呼ばれる考え方です。

　中立的であることの第一の意味は、**目の前の試合状況に対して中立的（状況中立的）**ということです。状況に対して中立的でない評価の典型的なものが打点です。打点が多いか少ないかを決定するのは打席の打者だけではなく、その前を打つ打者にも大きく左右されます。1番打者と4番打者では打席に入ったときの走者の数が全く違ってきますから、両者を打点で比べてもどちらの打撃が優れているかはよくわかりません。

もちろん同じ4番打者同士であってもたまたま多くの走者がいる状況で打席に入ることが多かった打者とそうでない打者とでは公平な比較になりません。このときに前者の方が打点が多いということを示したとしても、それは迎えた状況の違いを反映しているだけであってその選手の働きを評価しているのではないことになります。これでは選手評価の趣旨に合いませんから、セイバーメトリクスで打点が用いられることは皆無です。

　それに対して加重出塁率などは実際の状況として走者が何人であろうがそれに左右されずに打席の打者の結果を見ます。二塁打1本は、それがイニングの先頭で発生したものであろうがノーアウト満塁で発生したものであろうが同じ価値で評価されます。

　これは状況に対して中立的な評価方法で、こちらのほうが選手個人の評価としては妥当であると考えられています。もちろん試合状況から何かしらの影響は受けますから完全に状況から独立して個人の働きだけを抽出することは理論上できませんが、影響を受ける度合いは確実に小さくできます。

　中立的であることの第二の意味は、目の前の具体的な状況だけでなく**選手の成績に影響を与えた各種の要因にも左右されないようにする（環境中立的）**ということです。例えば優秀な投手と対戦する機会が多かった打者とそうでない打者とでは後者の方が有利になりますし、ホームランが出やすい球場を本拠地とする打者とそうでない打者とでは前者の方が有利です。ある打者の打撃得点が高くても、単に打者に有利な球場でプレーしていたためである場合には打者の働きではなく球場の特質を反映している結果に過ぎない可能性があります。

　これは公平な比較という観点からももちろん補正が必要ですが、チームにもたらした利益という観点からも補正が求められます。というのも、打撃得点が高いのが球場の性質によるものである場合、

その試合においては相手チームも同じ恩恵を受けるのであってチームの勝利の見込みを高めるという意味での利益にはならないからです。

　問題はどのような要素をどこまで補正するかという問題ですが、一般的には、どんな投手と対戦したかといったことまでは補正を行いません。リーグにはさまざまな投手がおり年間を通じて打席数を重ねていけばだんだん対戦する投手の質は平均化されていくからです。他方で本拠地球場の影響についてはチームごとに差が出て平均化されませんからパークファクターという指数を使って補正をする場合があります。

4．パークファクター

　プレーをとりまく環境として重要なもののひとつである球場の影響については、次の式で測定することができます。これはパークファクターと呼ばれる指数で、計算方法のバリエーションは色々ありますがここで紹介するものが最も一般的です。

$$\text{パークファクター} = \frac{\text{本拠地球場での試合あたり得点＋失点}}{\text{他球場での試合あたり得点＋失点}}$$

　あるチームの一試合あたりの得点と失点を対象にして、本拠地球場の試合での得点・失点を他球場での得点・失点で割ります。そうすると**本拠地球場で他球場の何倍得点が入りやすいか**がわかります。パークファクターが 1.10 であれば、その球場は同じリーグの平均的な球場に比べて 1.1 倍得点が記録されやすい打者（攻撃側）に有利な球場ということになります。

　このパークファクターを使えば個別の打者の打撃得点を本拠地球

場の特性に応じて割り引くことができます。また、式に代入する数字を変えれば球場ごとの本塁打の出やすさやヒットの出やすさを知ることもできます。

　計算式の内容としては、パークファクターはあくまでも**同じ戦力を前提として球場ごとの違いを計算するもの**ですから、チームの戦力に依存して高くなったり低くなったりするわけではない点に注意が必要です。例えば打力が高いチームがプレーしたからといって本拠地球場のパークファクターが高く出やすくなるということはありません。年間に本塁打を 200 本打つ打線であろうが 100 本打つ打線であろうが、本拠地でも本拠地以外でも同じように打っているのであればパークファクターはどちらも 1.00 です。

　そのことを図で表すと図 3-1-1 のようになります。この図はリーグに A 〜 F の 6 球団があり、A についてのパークファクターを算出することを前提としています。本拠地の試合でイニングの表は B 〜 F が攻撃をし、A が守ります。イニングの裏では A が攻撃をし、B 〜 F が守ります。本拠地以外の試合ではこれが鏡写しにひっくり返ったようなかたちになり、試合を構成している戦力の中身としては全く同じになります。結局、パークファクターの分子と分母は同じ戦力の試合で球場の違いだけが異なるという内容になります。

図 3-1-1
[パークファクターの考え方]

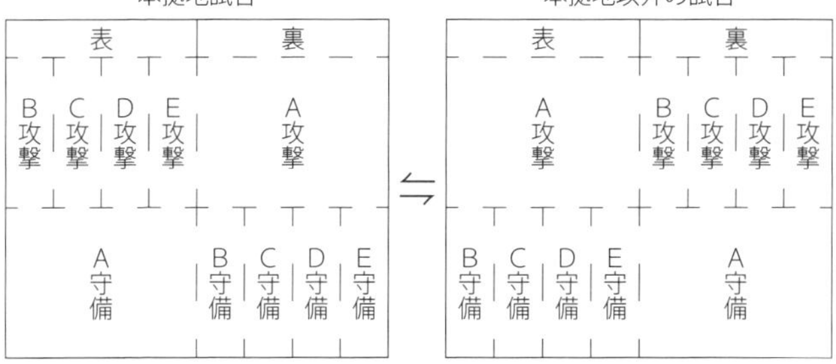

パークファクターは中立的な評価を実現するためのひとつの重要なツールです。**中立的な評価のために重要なのは、第一に打点ではなく安打や四球を使うというように様々な数字の中から試合状況に依存しない数字を選別すること、第二に、それに加えてパークファクターなど外部環境の要因を考慮して補正を行うことです。**

５．貢献度と能力

　なお、選手を評価するというときには、選手の何を評価するのかを整理しておく必要があります。特に**選手が過去の実績としてチームにどれだけ利得をもたらしたかという意味での貢献度を評価するのか、将来を見据えて選手の真の能力を評価するのか**の区別は重要です。

　基本的にセイバーメトリクスの評価指標が表すのは前者の貢献度です。打者が生み出したヒットや投手の奪三振によってどれだけ得点が生まれ、または防がれているのか、それによってチームにどれだけの利益が生まれているのかという点が重視されます。

　真の能力が重要であるようにも思われますが、関心事はチームの勝利ですから、いかに真の能力があるといってもそれによって実際に得点がもたらされているのでなければ意味がありませんし実績としては評価できません。

　仮に一年だけ調子が良かった選手がいるとして、それがたまたまであり継続する能力でないとしても、その活躍によって実際にチームが利益を得て勝利が増えているのであれば貢献度としては評価できます。もっとも結果が偏りのあるものであり中立的な評価でなければいかに「結果的にチームが利益を得た」と言ってもそもそもその選手の働きではないわけですから評価できません。打点を使わな

かったりパークファクターによって補正をしたりするのはこの「偏りのなさ」を担保するためです。

　第二章で説明した通り、真の能力を推定するためには平均への回帰を考慮する必要があります。貢献度の評価ではそれは行いません。逆に成績予測システムによって平均への回帰を考慮して予測値を出す場合には、真の能力を推定するのと同じ意味になります。

第二節　打撃の評価

1．打率順で並ぶ成績ランキングへの疑問

　数字によって打者を評価する場合に従来最も一般的な指標は打率です。通常、個人打撃成績の表は打率の順番に並び、シーズンで最も打率が高かった打者は首位打者として表彰され大変に名誉なこととされています。

$$打率 = \frac{安打}{打数}$$

　しかしビル・ジェイムズが指摘したように、打者の仕事は打率を高くすることではありません。得点を生み出すことです。第一章ではRCや打撃得点、加重出塁率等の分析道具を導入しましたが、これらが個々の選手の評価指標としても有用になる背景をもう少し丁寧に整理してみましょう。

首位打者がどうだとか繋ぎのバッティングがどうだとかいった従来の言葉遣いを一度ないものと考えて野球の仕組みを捉えてみると、攻撃というのは 27 個のアウトを失うまでにいかに得点を増やすかというゲームです。3 個アウトを奪われてしまえばイニングが終わって攻撃はリセットされ、そのイニングが 9 回終われば試合は終わります。

　このような観点から、まず攻撃の最も基本的な構成要素は出塁であることがわかります。出塁しなければ決して得点は生まれませんし、逆に出塁し続けている限り攻撃は終わらず、永遠に点を取ることができます。打者が打席のうちどれだけの割合でアウトにならず出塁したかを表す指標がすでに見た出塁率です。

$$\text{出塁率} = \frac{\text{安打} + \text{四球} + \text{死球}}{\text{打数} + \text{四球} + \text{死球} + \text{犠飛}}$$

　この出塁率は、このままでも有効な打者の評価指標です。四死球は軽視されがちですが立派な出塁ですから、得点を生み出すためには大きな効果があります。打率と出塁率がそれぞれ得点とどう相関しているかを比較してみると、出塁率の方が得点との結びつきが強いことがわかります（2009 年〜 2018 年の延べ 120 チーム、以下同）。

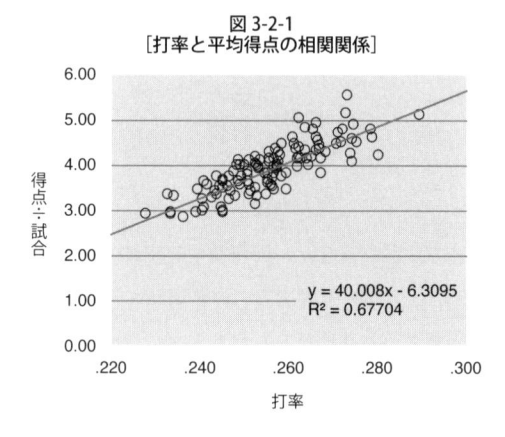

図 3-2-1
［打率と平均得点の相関関係］

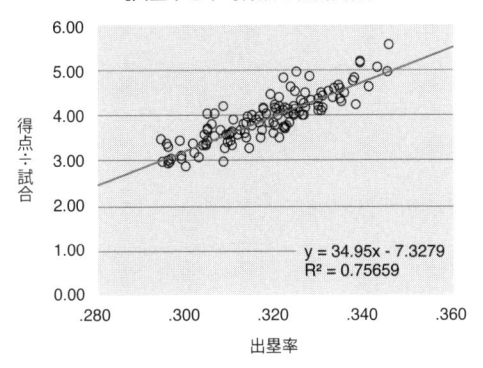

図 3-2-2
［出塁率と平均得点の相関関係］

　打率で得点を説明できる割合（決定係数）は 68% ですが出塁率
では 75% になります。打率の高い選手を集めるよりも出塁率の高
い選手を集める方がチームの得点増加には有効というわけです。こ
の有効性にもかかわらず四球は評価されない傾向にあるためその
「隠れた価値」に着目して低予算で強いチームを作ったのが『マネー・
ボール』の物語です。

　出塁の次に考えるべきは進塁です。同じ出塁率でも長打が多くて
進塁が多い方が得点を生みやすいのは言うまでもありません。この
ことを考慮している指標が長打率です。

$$\textbf{長打率}＝\frac{塁打}{打数}$$

　塁打というのは単打を 1、二塁打を 2、三塁打を 3、本塁打を 4
として数えた安打数、すなわち打者走者が進んだ塁の数を表す記録
です。これを打数で割ることにより、打率に長打力を加味するよう
な指標となり、これも有用な評価指標です。

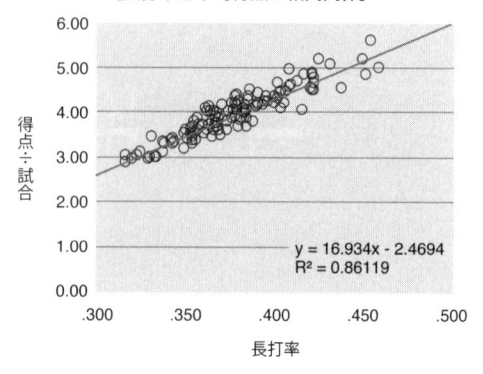
図 3-2-3
［長打率と平均得点の相関関係］

得点÷試合

y = 16.934x - 2.4694
R² = 0.86119

長打率

2．OPS のカラクリ

　出塁率と長打率は打率に比べるとそれぞれ優れた面を持っています。出塁率は四死球を考慮しますし、長打率は長打を加味します。しかし逆に言うと出塁率は長打を加味しませんし長打率は四死球を無視します。両者のいいところをとった総合的な指標はないものでしょうか。そこで登場するのが OPS（On-Base Plus Slugging）です。

OPS ＝出塁率＋長打率

　OPS はセイバーメトリクスの指標としては比較的一般にも知られている有名な指標です。出塁率と長打率を足すだけで求められる非常に簡単なものですが、これだけでうまく四死球と安打を全て含めつつ長打に重みをかけた評価となり、打者の得点への貢献を表すことができます。OPS と得点との相関関係はかなり強いです。

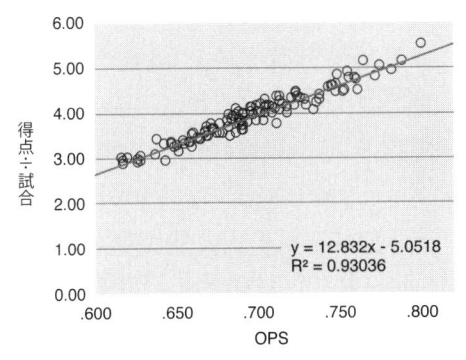
図 3-2-4
[OPS と平均得点の相関関係]

得点の多さの 9 割以上は OPS の高さで説明できます。OPS を高めれば着実にチームの得点は増えるということです。OPS のカラクリはさほど難しいものではありません。野球の仕組みを考えれば、得点に与える影響度としては「本塁打＞三塁打＞二塁打＞単打＞四死球」であることは容易にわかります。出塁率は全ての出塁を同じ重みで扱い、長打率は四死球を無視しつつ長打に重みをかけます。両者を足し合わせることで本塁打から順に重みをかけた指標となり、得点への影響に即したかたちとなります。

試しに OPS による加重を 4 で割ってみると得点価値に近い比重で各事象を評価していることがわかります。

表 3-2-1
[OPS による事象の重み付け]

事象	出塁率	長打率	OPS	OPS ÷ 4	得点価値
四死球	1	0	1	0.25	0.30
単打	1	1	2	0.50	0.44
二塁打	1	2	3	0.75	0.77
三塁打	1	3	4	1.00	1.12
本塁打	1	4	5	1.25	1.41

OPS は簡単な指標ではありますが結果的に得点期待値にもとづく加重と似たようなかたちで出塁を評価するため得点をうまく説明

できる有用な指標になるというわけです。この意味でOPSは打撃得点の簡易版と言われます。しかしOPSの欠点は.735や.874といった数字で打者をランクづけすることまではできるものの、ではそれぞれの打者がどれだけ得点に貢献したのかはわからないという点です。平均に比べて得点を10点増やしたのか、20点増やしたのか。OPSはそういう具体的な量を教えてくれません。この意味で打撃得点に変換することができる加重出塁率に利便性で劣ります。

　結論としてOPSに関しては「簡単な計算で得点との相関が高い結果が得られる有用な指標だがあくまでも簡易的なものである」と考えておくべきです。加重出塁率の方が理論的な背景や合理性という意味で優れています。

3．RCの進化

　ビル・ジェイムズのRCについても実際の得点との相関関係を具体的なデータで把握しておきます。OPSとほぼ同等で、得点の9割超を説明できる精度を誇っています。

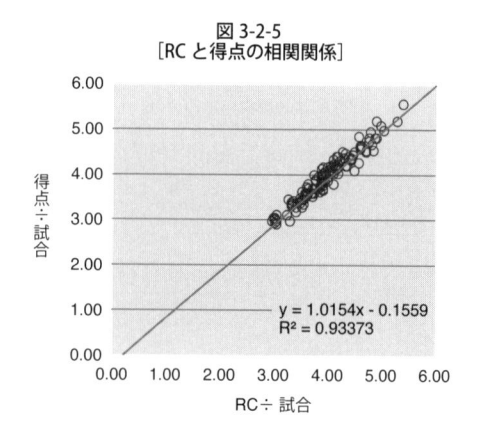

図 3-2-5
［RC と得点の相関関係］

$y = 1.0154x - 0.1559$
$R^2 = 0.93373$

第一章で紹介した RC は最も原始的なバージョンで、その後改良版が多数作られています。日本でよく見かけるのは理論チーム（Theoretical Team）バージョンと呼ばれているものです。

RC（TT）

$$= \{(A + 2.4 \times C) \times (B + 3 \times C) \div (9 \times C)\} - 0.9 \times C$$

A＝安打＋四球＋死球－盗塁死－併殺打
B＝塁打＋ {0.24 ×（四球－故意四球＋死球）} ＋ 0.62 ×盗塁＋
　　{0.5 ×（犠打＋犠飛）} － 0.03 ×三振
C＝打数＋四球＋死球＋犠打＋犠飛

　急に物凄く難しい見た目の式になりましたが、盗塁や併殺などの細かい要素を加えたことと、個人への適用を考慮した補正が加わっていることが改善点です。RC は元々チームの得点を予測する式という前提があるため、そのまま選手個人に適用すると一人の選手をひとつのチームとして考えた場合の数字が出力されてしまいます。そこで「平均的な打者 8 人と打線を組んだ場合にその打者が生み出す得点は何点か」を計算するかたちに調整がされているのがこのバージョンの特徴です。

　RC は打率と違って攻撃の目的に即したかたちで打者を評価しますし、OPS と違ってはじめから単位が得点になっていてとてもわかりやすく優れた指標です。RC が 80 の打者なら 80 の得点を生み出したという意味ですし、チームの打者の RC を全て足していけばほぼチームの総得点と一致することになります。

　また RC を使った評価方法で面白いのが RC/G（Runs Created per Game）です。これは打者の RC をアウト数で割って 27 を掛けた指標で、「その打者 9 人で打線を組んだ場合に一試合で何点とれるか」を表します。

RC/G $= 27 \times$ RC $\div$ （打数－安打＋盗塁死＋犠打＋犠飛＋併殺打）

　同じ打者が9人並んだ打線というのは現実にはあり得ませんが理論上であればこうして計算することができます。安打数ではなく打率で選手を比較するのと同じで、機会を揃えて得点の生産性を比較するのであればRCそのままよりもRC/Gの方が便利です。何よりアウトを奪われる間にいかに得点を生み出すかというRC/Gの式のかたちはそのまま野球における得点の構造を反映しているため、攻撃の図式に即したかたちで打者を評価することができるという点がこの指標の美点です。

加重出塁率（wOBA）

$$= \frac{0.7 \times （四球＋死球）＋0.9 \times 単打＋1.3 \times 二塁打＋1.6 \times 三塁打＋2.0 \times 本塁打}{打数＋四球＋死球＋犠飛}$$

4．加重出塁率を応用する

　RCは随分長い間セイバーメトリクスの打撃評価指標で主流の地位を占めた有用な指標ですが、現在は実際の分析で使われることは少なくなってきています。その理由として得点期待値をベースとした加重出塁率・打撃得点があまりにも簡単で便利であることが挙げられます。第一章で見た加重出塁率の式を再掲しますが、加重出塁率は各出塁に得点価値に基づいた加重を与えた指標で「打者が打席あたりでどれだけチームの得点増に貢献する打撃をしているか」を表します。

　加重出塁率は得点との相関関係も十分に強いですし、計算も難しくありません。打者の成績ランキングは打率順で並べるくらいだったら加重出塁率順で並べた方が有意義なのではないかと思われます。

そして何より加重出塁率が優れているのはこれから見る応用性です。

図 3-2-6
[加重出塁率と得点の相関関係]

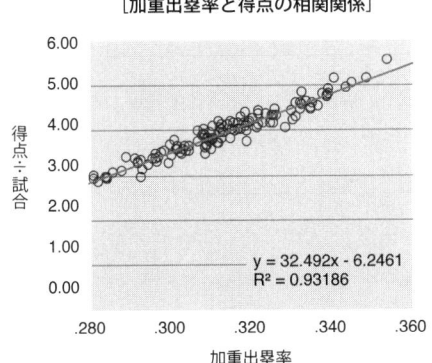

メジャーリーグのデータサイトなどでは加重出塁率を変形させて色々な角度から打者を評価する方法が主流になっています。ここからはたくさんの指標の計算を覚えるような内容になりますが、メジャーリーグの分析ではこれらの指標が重用されますから少ししんどいかもしれませんが理解しておく価値はあります。

　まず、加重出塁率の簡単な変形で計算できるのが先に見た打撃得点です。打撃得点は「同じ打席数をリーグの平均的な打者が打つ場合に比べてどれだけチームの得点を増やしたか」を表す指標で、加重出塁率がリーグ平均以上である場合、打席数が多いほど大きくなる数字です。いかに加重出塁率が高いといっても 100 打席や 200 打席の出場では多くの得点を生み出せませんから、打席数も加味して評価するのは貢献度の評価としては有効です。また、平均との対比ですから、平均的な打者ではゼロとなり、劣る打者ではマイナスの数字となるのもこの指標の特徴です。優れた打者なのかそうでないか、どのくらいの量の貢献をもたらしているのかが一目瞭然となります。

打撃得点（BattingRuns/wRAA）

＝（加重出塁率－リーグ平均加重出塁率）÷1.2×(打数＋四球＋死球＋犠飛)

　セイバーメトリクスは日進月歩ですから今後また変わってくる可能性はありますが、現在のところ打者の貢献度を指標で評価することに関しては、打席あたりの生産性であれば加重出塁率、量を加味した貢献度では打撃得点を見るのが主流と言えるかと思います。

　なお、加重出塁率が英語では wOBA である関係で、加重出塁率を変形して打撃得点を計算する場合 wRAA（weighted Runs Above Average）と呼ばれます。打撃得点は元々 Batting Runs という名前でした。計算のルートの違いで複数の呼び方がありますが結局は打撃成績に得点価値を掛け合わせたものであって意味は同じです。こうしたところがセイバーメトリクスの煩わしい部分ですが、基本原理をおさえておけば中身で悩むことはありません。

　打撃得点が計算できると、RC と同じように創出した絶対的な得点数を計算することもできます。これは打撃得点に、その打席数で平均的に生み出される得点数を足すだけです。

創出得点（wRC）＝打撃得点＋リーグ総得点÷リーグ総打席×打席

　例えばリーグ全体で見て 30,000 打席で 3,000 の得点が発生しているとします。そうすると平均すれば 1 打席で 0.1 得点が生み出されていることになります。600 打席の打者であれば、そこに平均的に見込まれる得点の創出は 60 点です。このときその打者の打撃得点が +10 であれば、その打者は全体として 70 点を生み出したことがわかります。結局、創出得点は**その打者が生み出した総得点**を表すことになり、計算のアプローチは違うもののビル・ジェイムズの RC と同じ意味になります。そのため名前も似ており、英語では

wRC（weighted Runs Created）と呼ばれます。

　加重出塁率の応用で出せる指数の最後が打撃傑出度（weighted Runs Created plus, wRC+）です。

$$打撃傑出度（\mathbf{wRC+}）＝\frac{創出得点 ÷ 打席}{リーグ総得点 ÷ リーグ総打席}×100$$

　打撃傑出度は、**打席あたりの得点創出の多さを平均的な打者を100とした場合のパーセンテージで表す指標**です。またここでは一般的にパークファクターについて補正が行われ、純粋な打者の打力をクローズアップするという側面が強い指標です。打撃傑出度が150であればリーグの平均的な打者の1.5倍の効率で得点を生産する打者であることになります。

　さて、ここまで加重出塁率・打撃得点・創出得点・打撃傑出度を見てきましたが、これらは異なる指標というよりは得点の創出に関してどの角度からものを見るかという違いです。比喩的に言えば自分の収入を年収で見るか時給換算で見るか業界平均との比較で見るかといったように様々な見方でひとつの物事を見るものなのです。したがってバラバラに覚えるよりも相互関係を理解しておいて、率を表すのか量を表すのか、絶対的な評価なのかリーグ平均と比べた相対的な評価なのか、を意識することが大切です。

表 3-2-2
［打撃指標の整理］

数値	打席あたりの「率」	打席が多いほど増える「量」
絶対的な数値	加重出塁率（wOBA） 安打や四球に得点価値に従って加重を与えた出塁率	創出得点（wRC） 生み出した総得点を表す。wRCのリーグ合計は得点数のリーグ合計値と一致
相対的な数値	打撃傑出度（wRC+） 打席あたりの創出得点（wRC）をリーグ平均と比較した指数。平均的な打者の wRC+ は100	打撃得点（wRAA） 平均的な打者に比べて増やした得点。平均的な打者のwRAA は± 0

ここで 2019 年の実際の成績からややタイプの異なる 2 人の選手の比較という意味で、巨人を代表する打者である坂本と広島を代表する打者である鈴木誠也の成績を見てみます。打席数と打撃三部門は表 3-2-3 の通りです。

表 3-2-3
[坂本・鈴木の打撃三部門]

選手	打席	打率	本塁打	打点
坂本 勇人（巨人）	639	.312	40	94
鈴木 誠也（広島）	612	.335	28	87

　もちろんいずれにせよ素晴らしい成績なのですが、セイバーメトリクスの見地から言えば、これらの数字を見るだけでは「どれだけ得点の創出に貢献しているか」という本質的な見方で評価を行うことはできません。例えば首位打者を獲った鈴木は、打率では坂本に比べてかなり高いですが、代わりに坂本は本塁打数で大きく勝っています。結局どちらがどれだけ得点を増やしているかを知るためには指標を計算しなければなりません。加重出塁率・打撃得点・創出得点・打撃傑出度を見てみます（表 3-2-4、数字は「1.02 – Essence of Baseball」より引用で、本書の計算式で計算した場合の値と若干異なります）。

表 3-2-4
[坂本・鈴木の打撃指標]

選手	加重出塁率	打撃得点	創出得点	打撃傑出度
坂本 勇人（巨人）	.424	51.4	117.5	157
鈴木 誠也（広島）	.446	59.8	123.2	179

　まず注目するのは加重出塁率です。これで打席あたりにどれだけ得点の増加に有効な打撃をしたかが評価できます。坂本と鈴木を得点の生産性で比べると、鈴木がやや上回っていたことがわかります。

　ただしこれだけだと、どれだけ得点数の利得を生んだのかがわかりません。そこでその加重出塁率の高さによってチームにどれだけの利得がもたらされたのかを表すのが打撃得点です。仮に坂本の

639 打席をリーグの平均的な打者に置き換えたら巨人は 51.4 点を失っていたことがわかります。鈴木はさらに高い数字の 59.8。坂本に比べ本塁打がかなり少ないにもかかわらず上回っているのは、二塁打や四球の多さが鈴木の加重出塁率を引き上げたことが影響しています。打撃得点は前述の通り打席数が多ければそのことも評価する指標ですが、坂本と鈴木はともに多くの打席を記録しており、これは両者の力関係に大きく作用してはいなかったとみられます。

　打撃得点が「平均に比べた上積み」の得点であるのに対し、創出得点はゼロからの積み上げで数えたときにどれだけの得点を創出したかを表します。こちらは坂本が 117.5、鈴木が 123.2。打点などと同じで創出得点も 100 点がひとつの大台で、これは両者ともに加重出塁率が高い上に打席数も多かったということを表しています。打撃得点よりもさらにチームにおけるその打者の存在感や依存度を表す数字かもしれません。

　一例として阪神の近本光司は 2019 年の加重出塁率が .316、打撃得点が −4.6 でありこの点だけを見ると生産性は平均的ですが、年間で 640 もの打席に立っており創出得点は 61.6 にのぼります。単純に「打撃得点がマイナスだからチームに貢献していない」ということではなく、むしろチームとしては近本が抜ければ実際に 62 点分の仕事をする代わりを用意しなければならないわけですからチームにとって存在感の大きい選手と言えます。

　最後に得点の生産性をリーグ平均と対比する打撃傑出度を見ると坂本・鈴木の優秀さがさらに実感されます。加重出塁率 4 割と言われても数字のスケールに慣れていないうちはどのくらい凄いのかよくわかりませんが、打撃傑出度が 100 を超えていればリーグ平均を超えていることがすぐにわかりますし、坂本や鈴木のように 150 を超える数字を残しているということは、平均的な打者が年間で 60 点創出するときに 1.5 倍の 90 点以上を創出するのだなと

いうイメージも掴めます。

　また今回坂本と鈴木の比較では両者が同じリーグに所属しているため加重出塁率を見るのとあまり違いはありませんが、打撃傑出度はリーグ平均との対比で見る関係で打高投低のリーグでも投高打低のリーグでも左右されずに打者の優秀度を見ることができるという利点もあります。ボールの仕様が変更された際などはリーグ全体の加重出塁率の水準が変動する場合がありますから、相対的な優秀さは傑出度で見るのが適切です。

５．打撃の中身を分解する

　打撃を総合的に見てどれだけ得点の増加に貢献したのかという観点とは別で、その貢献はどのような要因でもたらされたのか、逆に貢献度が低いなら何がいけなかったのか、と**中身を分解していく**ような分析もあります。個々の選手の課題や将来を考えるならこういった分析は重要です。

　一般的な記録から計算できる中身の指標としては打席に対する本塁打・三振・四球の割合を表す HR%・K%・BB% といったもの、長打力を表す ISO（Isolated power）などがあります。

$$\text{HR\%}＝\frac{\text{本塁打}}{\text{打席}}$$

$$\text{K\%}＝\frac{\text{三振}}{\text{打席}}$$

$$\text{BB\%}＝\frac{\text{四球}}{\text{打席}}$$

$$\text{ISO}＝長打率－打率$$

　ある打者の加重出塁率が下がったときに、本塁打が減ったためな

のか、四球が減ったためなのか、三振が増えたためなのかといった
ことはこれらの指標から分析できます。ISO は二塁打以上の長打を
打ったときにだけ上がる長打力の指標で、確実性を度外視した純粋
な長打力を測るときに使われます。

　これまでに見た通り本塁打・三振・四球は一貫した能力ですから
これらが変化しているようだと故障やプレースタイルの変化など何
かしら明確な原因がある可能性が高いです。他方で、打者に関して
もインプレー打率は比較的偶然的な影響の強いものですから、たま
たまインプレー打率が低かったことによる成績の低下は将来的には
回復する可能性が高くなります。

　近年日本でも得られるようになってきたさらに細かいデータが**打
球データ（Batted Ball）**や**投球対応データ（Plate Discipline）**です。

　打球データというのは単純で、打者が発生させた打球のうち何割
がゴロで何割がフライか、引っ張った打球がどれだけあるか、といっ
た打球の種類や方向を集積したデータです。よりプレーの中身に近
づいて打者を分析するのにはわかりやすいデータです。例えば不調
で本塁打が出ていない打者に関してそもそも打球が上がっていない
のか、フライは打てているがパワーが落ちていて本塁打になってい
ないのかといったことが分析できます。特に近年はメジャーリーグ
において適切な角度のフライを打つことによって得点の見込みを最
大化する**フライボール革命**が注目されており、発生させた打球の内
容を知ることの重要性が高まっています。

　投球対応データは英語ではプレート・ディシプリン（Plate
Discipline）と呼ばれており、日本語に訳すと打席における規律や
自制心といった意味合いになるのですが、これは元々の言葉自体が
少しわかりにくいと思いますのでここでは投球対応データとしてお
きます。投球対応データが対象とするのは例えばボール球の何割に
手を出したか、ストライクゾーンに来た球の何割を振ったか、スイ

ングした内の何割が投球にコンタクトしたかといった事柄です。こ
のあたりもかなり打者のタイプが表れる部分で、三振が増えたのは
見逃しが増えたためなのか、振っているが空振りしてしまうためな
のかなどのことが分析できます。

このあたりの細かいデータは数字が高いから良いとか低いからダ
メということではなく、個々の打者の特徴や変化を把握するのに向
いています。

第三節　走塁の評価

1．盗塁の得点化

野手の走塁を評価することに関しては**①盗塁**と**②盗塁以外の走塁**
に分けて考えていきます。まず、盗塁の成功と失敗に関しては公式
に選手別の記録が残っており以前から具体的な評価が試みられてい
ます。

盗塁が得点の見込みにどのように影響を与えるかはすでに第二章
第二節で分析しました。得点期待値への影響は細かく言えばアウト
カウントや二盗なのか三盗なのかによって異なりますが、公式の打
撃成績からは盗塁の成功と失敗の数しかわからないため、盗塁成功・
盗塁失敗に対する平均的な得点価値を評価として与えることが一般
的です。

単純に得点価値を乗じるだけでも評価としては問題ありませんが、

もう少していねいに「同じ出塁機会でリーグの平均的な走者が盗塁で稼ぐ得点」と比較した利得を計算するのが盗塁得点（weighted Stolen Base runs, wSB）です。

盗塁得点（wSB）＝ A － B × C

A＝（盗塁×盗塁得点）＋（盗塁死×盗塁死得点）
B＝（リーグ総盗塁数×盗塁得点＋リーグ総盗塁死×盗塁死得点）÷
　　（リーグ総単打＋リーグ総四球＋リーグ総死球－リーグ総故意四球）
C＝単打＋四球＋死球－故意四球

※リーグや年代にもよるが盗塁得点は一般的に 0.20 前後、盗塁死得点は -0.40 前後

　計算式としてはAが単純に盗塁と盗塁死による得点の増減を表しています。そしてBがリーグの平均的な「出塁機会に対する盗塁の利得」で、これを選手の出塁機会に乗じることによって、これくらいの出塁機会があればこのくらいの利得を稼ぐだろうという標準値を出して比較する形となっています。

　このように盗塁得点を計算してそれが５点であれば盗塁によってチームに５点の得点増加をもたらしたということですし、‐３点であれば盗塁の試みによってかえってチームの得点を減らしてしまったことになります。一般的に５点もあれば相当優秀な走者で、盗塁得点が二桁になることはまずありません。

　なお盗塁に関して単に成功や失敗をして走者の状況が変わること以外に「俊足の走者が塁にいることへの投手へのプレッシャー」を計算に入れるべきではないかということが言われる場合がありますが、そのような要素におそらく明確な影響力がないことはやはり第二章第二節で分析した通りです。

表 3-3-1
［2019 年盗塁得点（wSB）トップテン］

セ・リーグ

順位	選手	球団	盗塁得点
1	山田 哲人	ヤクルト	3.9
2	大島 洋平	中日	2.1
3	増田 大輝	巨人	1.6
4	野間 峻祥	広島	1.4
5	植田 海	阪神	1.1
6	梅野 隆太郎	阪神	1.1
7	重信 慎之介	巨人	1.1
8	亀井 善行	巨人	1.0
9	若林 晃弘	巨人	1.0
10	上本 博紀	阪神	0.8

パ・リーグ

順位	選手	球団	盗塁得点
1	金子 侑司	西武	3.2
2	周東 佑京	ソフトバンク	2.3
3	源田 壮亮	西武	1.8
4	岡 大海	ロッテ	1.7
5	外崎 修汰	西武	1.5
6	釜元 豪	ソフトバンク	1.4
7	西川 遥輝	日本ハム	1.3
8	荻野 貴司	ロッテ	1.1
9	辰己 涼介	楽天	1.1
10	安達 了一	オリックス	0.9

2．盗塁以外の走塁を測る

　言うまでもなく、走者としての働きは盗塁をすることだけではありません。例えば一塁走者として塁に出ているとき、打者がライトへのヒットを打って、そのとき二塁で止まるのか三塁まで行けるのかによってチームの得点の見込みは異なります。優れた走者であれば三塁を陥れることができ、これは確実にその選手による得点（見込み）増加の貢献と考えることができます。こうした打撃事象の間の進塁が「盗塁以外の走塁」の評価です。

従来こうした働きはどちらかといえば「数字に表れない隠れたチームへの貢献」というような扱いを受けてきた感がありますが、例えば二塁で止まる場合と三塁まで進む場合とでどれだけチームの得点に違いが出るかは、得点期待値表を使えば極めて簡単かつ具体的に計算することができます。

　例えばノーアウトで一二塁の得点期待値は 1.386、一三塁の得点期待値は 1.693 です。「シングルヒットで二塁で止まらずに三塁まで進むことの価値」は差分の .307 です。こうした計算を「二塁打で一塁から生還した場合」「二塁にいるときゴロで三塁まで進塁した場合」といったように走者によって差が出るケースについて細かく計算していけば、ある選手が平均的な走者に比べて走塁でどれだけ得点を稼いだかを評価することができます。近年はこのように細かな走塁をデータ化して得点期待値の変動にあてはめて走塁を評価するということが行われています。ただし公式記録には表れない部分ですから、このような具体的な数値が出るようになったのは比較的最近の話です。DELTA では次の事象を対象に、安打やゴロアウト・フライアウトの間の進塁を集計して得点価値を加重して走塁評価を行っています。

- ・走者一塁からの単打
- ・走者二塁からの単打
- ・走者一塁からの二塁打
- ・走者三塁からの外野フライ
- ・走者一塁からの内野ゴロ
- ・走者二塁からの内野ゴロ
- ・走者三塁からの内野ゴロ
- ・走者一塁からの外野フライ
- ・走者二塁からの外野フライ

各種の進塁を得点換算して算出した「リーグの平均的な走者と比べてどれだけ多く走塁で得点を生み出したか」の値を進塁得点と呼ぶことにします。英語では UBR（Ultimate Base Running）と呼ばれています。進塁得点は盗塁の分を含まないことにご注意ください。仮に進塁得点が３点であれば、走者として安打やゴロの間の進塁で３点の得点増加をチームにもたらしたという意味です。

表 3-3-2
［2019 年進塁得点（UBR）トップテン］

セ・リーグ

順位	選手	球団	進塁得点
1	大島 洋平	中日	7.4
2	鈴木 誠也	広島	5.6
3	近本 光司	阪神	5.4
4	神里 和毅	DeNA	5.2
5	菊池 涼介	広島	4.6
6	青木 宣親	ヤクルト	4.3
7	野間 峻祥	広島	4.1
8	京田 陽太	中日	3.6
9	平田 良介	中日	3.4
10	曽根 海成	広島	2.9

パ・リーグ

順位	選手	球団	進塁得点
1	荻野 貴司	ロッテ	7.3
2	西川 遥輝	日本ハム	6.4
3	外崎 修汰	西武	5.2
4	周東 佑京	ソフトバンク	5.1
5	茂木 栄五郎	楽天	5.0
6	源田 壮亮	西武	4.8
7	森 友哉	西武	4.5
8	中村 奨吾	ロッテ	3.5
9	佐野 皓大	オリックス	3.3
10	金子 侑司	西武	2.8

最後に、盗塁得点と進塁得点を足すことで盗塁を含めた走塁全体でどれだけの得点増加をもたらしたかを知ることができます。

走塁得点＝盗塁得点＋進塁得点

表 3-3-3
[2019 年走塁得点トップテン]

セ・リーグ

順位	選手	球団	進塁得点	盗塁得点	走塁得点
1	大島 洋平	中日	7.4	2.1	9.5
2	野間 峻祥	広島	4.1	1.4	5.6
3	近本 光司	阪神	5.4	0.2	5.5
4	菊池 涼介	広島	4.6	0.4	4.9
5	神里 和毅	DeNA	5.2	-1.2	3.9
6	青木 宣親	ヤクルト	4.3	-0.5	3.7
7	鈴木 誠也	広島	5.6	-1.8	3.7
8	京田 陽太	中日	3.6	0.1	3.7
9	曽根 海成	広島	2.9	0.1	3.0
10	山崎 晃大朗	ヤクルト	2.2	0.6	2.8

パ・リーグ

順位	選手	球団	進塁得点	盗塁得点	走塁得点
1	荻野 貴司	ロッテ	7.3	1.1	8.4
2	西川 遥輝	日本ハム	6.4	1.3	7.7
3	周東 佑京	ソフトバンク	5.1	2.3	7.4
4	外崎 修汰	西武	5.2	1.5	6.7
5	源田 壮亮	西武	4.8	1.8	6.6
6	金子 侑司	西武	2.8	3.2	6.0
7	茂木 栄五郎	楽天	5.0	-0.6	4.5
8	森 友哉	西武	4.5	-0.2	4.3
9	佐野 皓大	オリックス	3.3	0.9	4.2
10	辰己 涼介	楽天	2.3	1.1	3.4

　走塁得点で見て、ベストとワーストの差は一般的に年間 10 点程度です。打撃得点の差のインパクトに比べるとかなり小さいと言えるでしょう。

　なお盗塁の評価も進塁の評価もそうですが、足が速いとか遅いとか、スタートの動きがどうだとか、そういうことを計測の対象にはしていない点に注意が必要です。単純にタイムを計測して足が速いとか遅いとかいうのは、打撃で言えばスイングスピードの速さやミートの正確さそのものを競っているようなものです。

　重要なのはそれによって実際にヒットを打ったのかどうか、塁を進んだかのかどうかですから、走塁を評価するにあたって物理的な

意味での足の速さを知る必要はありません。むしろ打席の結果やその間に誰がどこの塁まで進んだかということが機械的なデータベースとして記録されていれば選手の物理的な動きに関わらず極めて客観的に評価を行うことができます。

第四節　守備の評価

1．レンジファクターからの技術的な飛躍

　守備の評価に関しては第一章のセイバーメトリクスの歴史のところで触れた通り、レンジファクターの発想が重要です。簡単におさらいすると、従来は動きが速いとか肩が強いといった主観的な評価だったものが、9イニングあたりのアウト関与数を表すレンジファクターの登場によって客観的に成果を数える評価が成り立つようになりました。一番重要なのはこの考え方の部分です。

　しかし、発想の重要性とは裏腹に、**レンジファクターは実際に選手の評価に用いるには問題の多い指標です。**というのも、イニングあたりのアウト関与数には選手の守備力とは関係がない多くのノイズが紛れ込んでくるからです。

　例えば奪三振が多い投手陣の後ろを守っている場合、守備力に関係なくレンジファクターの数字は低くなります。ゴロを打たせる傾向の強い投手陣の場合は内野手は有利に、外野手は不利になります。その他、単純に同じイニング数を守っても偶然の打球の分布により

近くに打球が飛んでこなければ高い数字を残すことはできません。

「その数字から何が言えて何が言えないかをきちんと考える」というセイバーメトリクスの批判精神から眺めたとき、レンジファクターは純粋な守備の評価としては問題の多い指標ということになります。選手評価の基礎で述べた中立的な評価の方針にも反します。

これに対する解決案は数多く提示されてきましたが、ひとつの大きな転換点になったのが**ゾーンレーティング（Zone Rating, ZR）**の開発です。

ゾーンレーティングはレンジファクターの欠点を解決するような形で登場した新しいタイプの守備指標で、刺殺・補殺という既存の記録を組み合わせて算出するレンジファクターとは根本的に異なり、専門機関が打球のデータを全て記録し、野手の周辺に飛んできた打球とそれをアウトにした数をもとに「**守備位置周辺に飛んできた打球のうちどれだけをアウトにしたか**」を表す指標です。

例えばゾーンレーティングが .800 の遊撃手は定位置周辺に飛んできた打球のうちの 80% をアウトにしたということですし、それは当然 .750 の遊撃手より優れていることになります。周辺に飛んできた打球だけを分母としますから打球が飛んでこないと低く評価される理不尽な偏りを回避でき、数字の意味が直感的にもわかりやすいため、守備の働きを評価するのに大変優れた指標です。

現在はこの後触れる UZR が登場したため、ゾーンレーティングそのものを指標として使う機会は乏しいですが、ゾーンレーティングの登場によって実用的な守備の評価が可能になったと言えます。

2．ゾーンレーティングを得点化する

現在セイバーメトリクスにおける守備の評価指標で一般的なの

は、ゾーンレーティングをさらに精緻化して得点に変換した **UZR**
（**Ultimate Zone Rating**）あるいは **DRS**（**Defensive Runs Saved**）
です。アメリカにおいて異なる主体が同じような指標を算出してい
るため二つ指標がありますが、基本的には同じものだと考えておい
て差し支えありません。

　ここでは UZR を前提として説明をします。結論から言うと UZR
（及び DRS）は、打撃得点との対比で守備得点とでも呼べるもので、
「**同じ守備機会を同じ守備位置の平均的な野手が守る場合に比べて
どれだけチームの失点を減らしたか**」を表す指標です。同じ守備位
置の中での比較であることと、ゾーンレーティングと違って得点数
が単位の指標になっていることがポイントです。

　すなわち UZR が 20 の遊撃手なら、平均的な遊撃手が守る場合
に比べて失点を 20 減らしたという意味で、-10 の中堅手なら逆に
失点を 10 増やしたという意味です。特定の守備位置の中での相対
評価ですから、ここで遊撃手の 20 と中堅手の -10 を比べてどちら
が優れた野手かを論じることはできません。

　UZR の算出ではまず、試合において発生した全ての打球につい
て、その種類、方向、深さ、強さを記録します。グラウンドをマス
目のように区切り、どこのゾーンにどれだけの時間で到達したの
かといったことが全て記録されるわけです。例えば三遊間の方向 E
の深さ 3 に 1.5 秒で到達した強いゴロ、といった具合です。

　そのようなデータを集積していくと、あらゆる類型の打球につい
て、平均的に何パーセントの割合でアウトになるのか、どれだけの
失点を生み出すのかが計算できます。例えば三遊間への強いゴロは
40% アウトになる、などです。

　このような基礎データが集まると、そこから UZR を計算するこ
とができます。第一にプラスの評価として、野手が打球をアウトに
すれば、平均的な見込みに対する上積み分が評価となります。仮に

平均的なアウトの見込みが 40% の打球をアウトにしたのであれば、40% を 100% にしたのですから、平均的な守備に比べて 0.6 個だけアウトを増やしたことになります。その打球の価値が 0.8 点であれば、0.8 の失点を 0.6 個分減らしたわけですから、そのプレーについて 0.48 点のプラス評価を獲得します。

　第二にマイナス評価として、自分がアウトを取る見込みがあった打球をヒットにしてしまったときにはその分の失点見込み分が評価から減算されます。アウトの見込みが 40% の打球をアウトにできずヒットにすれば、通常の守備に比べて 0.8 点のヒットを 0.4 個分増やしたわけですから 0.32 点のマイナス評価が付与されます。

　最後に、野手が守っている間に発生した全ての打球についてこれらのプラス評価・マイナス評価を計算して足し合わせたものが UZR です。実際の計算ではもう少し細かい補正や計算上のひねりが入りますが、基本的な仕組みは上記の通りです。

　UZR の特徴は、極めて公平かつ精緻に守備の働きを評価することです。レンジファクターではさまざまなノイズがあり守備の評価としては中立的にならない点が問題でした。その問題の多くはゾーンレーティングの登場によって解決しましたが、それでもまだ守備位置周辺に飛んできた打球は全て等しく扱われるという問題があります。現実にはゾーン内への打球といっても定位置付近への弱い打球とやや遠めの位置への強い打球とでは難易度が異なり、どういう打球が多かったかで選手間に条件の差が生じます。UZR はこのような点にまできめ細かく対応する指標であり、究極のゾーンレーティングという名前が表す通り、非常に説得力が高い守備指標となっています。現在は守備の貢献度を評価する際にはこの UZR が基本となっています。

　計算の仕組みはやや複雑でしたが基本的な発想はレンジファクターから変わっていない点に注意してください。アウトを獲得して

失点を防いだ成果を数えるという考え方はそのままに、飛んできた打球の種類によって条件に差が生じないように補正をしているにすぎません。

またUZRの優れている点として、細かい内容を積み上げて最終的な結果を算出しているため、分析しようと思えば「この二塁手はセンター方向へのゴロには強いが一・二塁間の打球には弱い」「この中堅手は左右の守備範囲は広いが後方への打球への対応に問題がある」といった守備の中身にまで迫ることができる点が挙げられます。これにより選手へのフィードバックすら可能になっています。

なお、UZRにはさらに、内野手がどれだけ併殺を高い頻度で完成させているか、外野手が肩で走者の進塁を防いでいるかといったことの評価もあります。

分析の着眼点として興味深いのは肩による進塁阻止の評価です。従来、例えば一塁ランナーがいるときのライトへのヒットが発生したとき、ライトを守っているのが肩の強いイチローである場合に一塁走者が三塁への進塁を自重するといったことはイチローの肩による「数字に表れない働き」であるという捉え方がされていました。

しかし、考えてみるとこれは単純にリーグ全体でライトへのヒットが発生したときに一塁走者が三塁へ進む割合は何パーセントか、右翼手がイチローのときにはどうかを数えれば数値化できます。走塁の評価の裏返しとも言えるでしょう。アームレーティングと呼ばれる肩の評価では実際にこれを行っており、送球で走者をアウトにした分の貢献と合わせてUZRに組み込まれます。一見数字で表せないようなものまで分析家たちの工夫で計算に取り込み有用な評価指標を作り上げている一例と言えます。

なお、表3-4-1に2019年における各守備位置のUZRランキングを掲載しますが、優秀者のUZRは10数点の場合が多く、表1-3-4で見た打撃得点に比べると数字的なインパクトに乏しいこと

がわかります。セイバーメトリクスにおいては相対的に守備では差がつきにくいと言われますが、このあたりがその所以となっています。

表 3-4-1
[2019 年 UZR ランキング（500 守備イニング以上）]

セ・リーグ／一塁手

順位	選手	球団	イニング	併殺奪取	守備範囲	失策評価	UZR
1	村上 宗隆	ヤクルト	1024	0.1	4.3	-0.2	4.2
2	D・ビシエド	中日	1172 ⅔	-1.8	7.5	-1.8	3.9
3	J・ロペス	DeNA	1237	0.2	0.1	0.0	0.3
4	J・マルテ	阪神	843 ⅔	-1.1	0.1	1.1	0.1
5	X・バティスタ	広島	783 ⅓	0.0	-4.1	-0.1	-4.2
6	岡本 和真	巨人	703	-0.2	-10.9	2.2	-9.0

パ・リーグ／一塁手

順位	選手	球団	イニング	併殺奪取	守備範囲	失策評価	UZR
1	内川 聖一	ソフトバンク	1086 ⅓	1.4	13.3	3.9	18.6
2	銀次	楽天	1139 ⅓	1.5	-0.7	3.4	4.3
3	井上 晴哉	ロッテ	561 ⅓	-0.6	3.4	-0.4	2.4
4	鈴木 大地	ロッテ	666 ⅔	-0.2	-1.2	0.7	-0.8
5	中田 翔	日本ハム	858	1.4	-5.7	-0.2	-4.5
6	山川 穂高	西武	1270 ⅔	1.0	-5.6	-1.7	-6.3

セ・リーグ／二塁手

順位	選手	球団	イニング	併殺奪取	守備範囲	失策評価	UZR
1	阿部 寿樹	中日	977 ⅔	3.5	5.4	1.9	10.7
2	菊池 涼介	広島	1200 ⅓	3.0	2.4	-0.4	5.0
3	山田 哲人	ヤクルト	1220	0.1	-0.7	1.4	0.9
4	糸原 健斗	阪神	949 ⅔	1.3	-10.1	2.8	-6.0

パ・リーグ／二塁手

順位	選手	球団	イニング	併殺奪取	守備範囲	失策評価	UZR
1	中村 奨吾	ロッテ	1188 ⅔	-2.4	11.5	0.7	9.8
2	外崎 修汰	西武	1252 ⅔	2.4	5.9	0.8	9.1
3	浅村 栄斗	楽天	1202 ⅓	-1.7	1.3	2.0	1.6
4	福田 周平	オリックス	1089	2.6	-1.4	-0.8	0.4
5	渡邉 諒	日本ハム	1152 ⅔	-4.0	-2.9	1.5	-5.4
6	明石 健志	ソフトバンク	523 ⅓	-4.0	-2.5	0.4	-6.1

<table>
<tr><td colspan="8" align="center">セ・リーグ／三塁手</td></tr>
</table>

セ・リーグ／三塁手

順位	選手	球団	イニング	併殺奪取	守備範囲	失策評価	UZR
1	大山 悠輔	阪神	1082	-0.5	10	-2.1	7.4
2	高橋 周平	中日	1007 ⅓	-1.0	2.6	4.5	6.0
3	安部 友裕	広島	533 ⅔	1.3	1.4	-2.8	-0.1
4	宮﨑 敏郎	DeNA	972 ⅓	0.1	-5.7	4.3	-1.4

パ・リーグ／三塁手

順位	選手	球団	イニング	併殺奪取	守備範囲	失策評価	UZR
1	B・レアード	ロッテ	954 ⅔	-0.2	-1.6	2.6	0.8
2	Z・ウィーラー	楽天	645 ⅔	-0.1	1.6	-1.6	0.0
3	中村 剛也	西武	1016	-0.7	-3.3	1.3	-2.7
4	松田 宣浩	ソフトバンク	1261 ⅔	-1.7	-5.1	1.8	-5.0

セ・リーグ／遊撃手

順位	選手	球団	イニング	併殺奪取	守備範囲	失策評価	UZR
1	京田 陽太	中日	1183	5.2	9.8	2.5	17.5
2	大和	DeNA	1107 ⅔	-0.2	1.7	3.0	4.4
3	田中 広輔	広島	761 ⅓	0.1	2.4	-1.1	1.4
4	坂本 勇人	巨人	1183	-1.5	-3.3	1.8	-3.0
5	木浪 聖也	阪神	773	2.0	-7.8	-4.6	-10.4

パ・リーグ／遊撃手

順位	選手	球団	イニング	併殺奪取	守備範囲	失策評価	UZR
1	源田 壮亮	西武	1169 ⅓	3.3	14.3	4.8	22.4
2	中島 卓也	日本ハム	812 ⅓	3.5	7.6	4.8	15.9
3	茂木 栄五郎	楽天	1009 ⅓	-1.2	2.5	-1.2	0.1
4	大城 滉二	オリックス	740 ⅓	0.1	0.5	-1.4	-0.7
5	今宮 健太	ソフトバンク	823	-3.8	-5.4	2.9	-6.3
6	藤岡 裕大	ロッテ	657	-3.3	-3.5	-0.5	-7.3

セ・リーグ／左翼手

順位	選手	球団	イニング	進塁阻止	守備範囲	失策評価	UZR
1	西川 龍馬	広島	544 ⅔	1.1	2.5	0.3	4.0
2	A・ゲレーロ	巨人	630	-4.0	-0.7	0.3	-4.4
3	福留 孝介	阪神	744 ⅓	0.7	-10.1	0.3	-9.1
4	W・バレンティン	ヤクルト	790 ⅔	-4.7	-7.4	-0.4	-12.4
5	筒香 嘉智	DeNA	840 ⅓	1.2	-14.7	-1.1	-14.6

パ・リーグ／左翼手

順位	選手	球団	イニング	進塁阻止	守備範囲	失策評価	UZR
1	金子 侑司	西武	1023	1.8	17.4	0.7	19.8
2	島内 宏明	楽天	1129 ⅔	-2.5	10.9	0.7	9.2
3	吉田 正尚	オリックス	763 ⅔	3.6	-1.9	0.4	2.1
4	Y・グラシアル	ソフトバンク	724 ⅓	3.0	-2.9	0.3	0.4
5	角中 勝也	ロッテ	837 ⅔	-1.8	1.1	0.5	-0.3
6	近藤 健介	日本ハム	580 ⅓	-0.7	-1.0	0.3	-1.3

セ・リーグ／中堅手

順位	選手	球団	イニング	進塁阻止	守備範囲	失策評価	UZR
1	神里 和毅	DeNA	854 ⅓	2.0	9.1	-0.2	10.9
2	丸 佳浩	巨人	1218	1.9	6.0	0.7	8.6
3	近本 光司	阪神	1206	8.8	-6.7	-0.9	1.2
4	青木 宣親	ヤクルト	870	3.0	-5.8	-0.2	-3.0
5	西川 龍馬	広島	577 ⅔	-0.6	-5.6	-0.4	-6.6
6	野間 峻祥	広島	637 ⅔	-2.1	-5.1	0.4	-6.9
7	大島 洋平	中日	1252	-1.9	-10.2	0.7	-11.4

パ・リーグ／中堅手

順位	選手	球団	イニング	進塁阻止	守備範囲	失策評価	UZR
1	辰己 涼介	楽天	791 ⅔	-0.3	9.6	0.5	9.7
2	荻野 貴司	ロッテ	1030 ⅔	2.8	-7.0	0.6	-3.6
3	秋山 翔吾	西武	1281 ⅔	-1.8	-1.9	0.0	-3.8
4	西川 遥輝	日本ハム	1242 ⅔	-8.6	2.7	0.0	-5.9

セ・リーグ／右翼手

順位	選手	球団	イニング	進塁阻止	守備範囲	失策評価	UZR
1	平田 良介	中日	817	6.6	3.8	0.3	10.6
2	鈴木 誠也	広島	1228 1/3	2.7	6.2	0.4	9.3
3	亀井 善行	巨人	724 2/3	1.6	6.5	0.3	8.3
4	糸井 嘉男	阪神	811 1/3	0.0	-5.1	0.2	-4.8
5	雄平	ヤクルト	961 1/3	-4.2	-3.5	-0.4	-8.1
6	N・ソト	DeNA	660	-5.7	-8.8	-0.6	-15.1

パ・リーグ／右翼手

順位	選手	球団	イニング	進塁阻止	守備範囲	失策評価	UZR
1	大田 泰示	日本ハム	1143 2/3	-3.7	9.5	0.4	6.2
2	上林 誠知	ソフトバンク	593	-2.2	4.4	0.2	2.4
3	木村 文紀	西武	1030 2/3	6.8	-15.0	0.3	-7.9

※守備範囲：失策を除いて打球処理により防いだ失点
※失策評価：失策の少なさで防いだ失点
※併殺奪取：内野手が併殺の完成で防いだ失点
※進塁阻止：外野手が肩による進塁の阻止で防いだ失点
※ UZR は上記全ての合計

Column　三井ゴールデン・グラブ賞と UZR

　守備に関する表彰としては三井ゴールデン・グラブ賞が有名です。現場経験の長い記者による投票で決まる権威のある賞ですが、UZRが示す優秀な守備者とは食い違う場合も少なくありません。このあたりは伝統的な守備の評価とレンジファクターの発想の違いとして述べた通り、何を見ているかの違いなのかもしれません。「1.02 – Essence of Baseball」では毎年セイバーメトリクスの観点からの守備の表彰（1.02 FIELDING AWARDS）を行っており、ゴールデン・グラブ賞と見比べてみるのも一興です。なおメジャーリーグのゴールド・グラブ賞においては 2013 年からセイバーメトリクス系の指標が加味されるようになっています。

3．異なる守備位置の比較

　各守備位置の守備を評価した上で総合評価にまとめあげるために
は、ひとつ乗り換えなければならない壁があります。

　遊撃手の UZR と中堅手の UZR を比べられないと述べましたが、
この点を再度確認すると UZR はあくまでも同じ守備位置の中での
比較を表しており、遊撃手の UZR は「平均的な遊撃手に比べて」、
中堅手の UZR は「平均的な中堅手に比べて」どれだけ失点を防い
だかを表しています。遊撃手の UZR と中堅手の UZR を比較してど
ちらが失点を防いだかは評価できません。異なる守備位置をまたぐ
評価ができなければ、総合評価は同じ守備位置の中で分断的にしか
行えないことになってしまいます。

　そこで考えられたのが、異なる守備位置同士の比較を可能にする
ための**守備位置補正**です。守備位置補正は文字通り、守備位置に応
じて一定の値を UZR に加減算することで異なる守備位置間の比較
を可能にする補正のことを言います。

　守備位置補正を考えるにあたっては、例えば遊撃手なら「平均的
な遊撃手」と比べるのではなく「平均的な野手（全ての守備位置を
含めて）」と比べるという考え方がポイントとなります。例えば遊
撃手として UZR が± 0 でも、遊撃手は一般的に機敏で守備力の高
い野手が守っているため、全ての守備位置を含めて考えた「平均的
な野手」が守る場合と比較すれば失点を防いでいると評価できます。
そうすると遊撃手という守備位置の選手にはその分の補正値を加算
してあげる必要があります。

　イメージとしてはプロ野球選手の中でこれといった特徴がなく平
均的な足や肩を持ったユーティリティ・プレーヤーを想像するとい
いでしょう。そのユーティリティ・プレーヤーはどの守備位置を守
らせてもそれなりにこなし、俊敏でない選手が集まった一塁手をや

らせれば優れた働きをすると予想されますし、優秀な選手が多い遊撃手を守らせれば本職の遊撃手たちにはやや劣るだろうと思われます。この「平均的な野手」と「平均的な遊撃手」との差が遊撃手の守備位置補正値となります。ここでのポイントは遊撃手が「難易度の高い大変な守備位置だから考慮する」といった抽象的なことを言っているのではなく、「平均的な遊撃手」が守る場合と「平均的な野手」が守る場合とで実利として失点に差が生じるはずだからその分をカウントするという分析的な発想です。

　考え方は以上として、次に考えるべきはその守備位置補正の値をどのように導くかです。遊撃手に加算を与えるとしてそれが5点なのか10点なのかは何らかの推定を行わなければわかりません。

　守備位置補正の値を導出する具体的な方法としては次の2つのアプローチが存在します。

①複数の守備位置を守った選手のデータから各守備位置での守備指標（UZR等）の差を計測する方法
②打撃指標の守備位置ごとの差をとり間接的に守備位置ごとの負担を計測する方法

　どちらの算出方法にも一定の合理性があります。①の方法は守備指標を異なる守備位置間で比較するため論理としては明快です。例えば三塁と遊撃の両方で出場した選手のデータを集めて三塁でのUZRよりも遊撃でのUZRの方が低い傾向があれば遊撃の方が難しい守備位置であり、普通に守るだけで失点を防ぐ価値があるということになります。

　ただしこの方法の難点は、複数の守備位置を守った適切なデータが大量に集まらないと妥当な算出が行えないということです。例えば「遊撃手と一塁手の両方を守った選手」というデータは十分に集

まりにくいですし、いくらか集まったとしても遊撃手と一塁手の両方を器用に守れるような特殊な選手のデータであり、遊撃手全体と一塁手全体の性質をうまく表していない可能性もあります。また捕手の扱いなどは特に難しくなります。この理由により①によって守備位置補正値を出す場合にも実際には②の方法と併用されます。

そして②は、守備位置別に打撃指標を測定すればそこに守備位置の負担や価値が反映されてくるだろうという仮定にもとづく算定方法です。

典型的には捕手は他の守備位置に比べて打力が低く打順も下位に入っていることが多いですが、これは偶然ではなく、捕手という守備位置をこなすための負担がそこに反映されているに違いありません。この算定方法は直接に守備の数字を用いるものではないため理論的な筋道としてはやや弱い印象はありますが、打撃指標は明確に計算がしやすくサンプルも十分に集めるため現実的には妥当な結論をもたらす傾向が強く、よく利用されます。

DELTA でも②の方法を基本として守備位置補正の値を下記の通り算出しています（2004 年〜 2017 年の 600 打席あたり打撃得点より）。

表 3-4-2
[守備位置補正値（DELTA）]

守備位置	補正値	守備位置	補正値
捕手	18.1	左翼手	-8.9
一塁手	-11	中堅手	-1.0
二塁手	6.9	右翼手	-4.4
三塁手	-4.4	DH	-12
遊撃手	4.8		

例えば一年間（600 打席相当）出場した遊撃手には 4.8 点の補正値が与えられます。中堅手には -1.0 です。この補正値を踏まえると UZR が -2.0 の遊撃手でも「平均的な野手」に比べれば 2.8 点の失点を防いでおり、逆に UZR が 1.0 の中堅は「平均的な野手」に

比べると±０であることがわかり、両者を比較すると前者の遊撃手の方がチームの失点阻止に貢献しているという同じ土俵での比較が可能となります。

補正値を見てみると、やはり捕手や二・遊の守備的な価値が高いことがわかります。一塁手や三塁手はマイナスですから全体から見れば劣る選手が守っていることになります。また外野手の中ではイメージ通り「中堅手＞右翼手＞左翼手」という序列になっています。

なお理論的には守備位置ごとの能力の配分などはリーグの状況とともに変化するものであり、守備位置補正値は時代やリーグによって異なるはずです。そのため上記の値は絶対的なものではありません。

４．捕手の守備という謎

（１）リードの分析

UZR によって打球処理を中心とした守備はかなり精緻に評価することができるようになりました。しかしいまだ分析によって実態を明らかにすることができていない領域に捕手の守備があります。捕手の守備に関する論点をいくつか見てみましょう。

まず問題になるのがいわゆる配球などのリードです。この点に関しては従来的な野球の評論では実に様々なことが言われていますが、実際にどの捕手のリードがどのように優れていてチームの失点をどれだけ防いでいるのかを把握することは極めて困難です。

仮に捕手が外角のスライダーのサインを出してヒットを打たれたとして、ではストレートを投げていれば打たれていなかったのか、コースを変えていればどうだったのかは検証できません。野球中継で配球が評論されることは多いですが、プロ野球 OB の中にす

ら結果論以外で配球を評価することは難しいとする見解もあります。色々と議論はあろうかと思いますが、少なくとも解説者の評論はセイバーメトリクスが志向する客観的事実にもとづく定量的なものではありません。

投手について防御率を出すように「捕手の防御率」が計算される場合もありますが、ある捕手がマスクを被っているときに失点が少ないと言っても、どの投手が投げていたかによって結果が大きく変わるため、そのまま捕手の評価とするわけにはいかないという問題があります。

この部分について野心的に切り込んだのがキース・ウールナーです。ウールナーは、同じ投手が複数の捕手と組んだときのデータ（被打撃成績）に着目すれば条件を揃えて客観的に捕手のリードが評価できる、そして優れたリードという能力があるのであれば一貫性が見られるはずだと考えました。

Ａ投手・Ｘ捕手のときの被打撃成績、Ｂ投手・Ｙ捕手のときの被打撃成績を比較しても、投手という条件が違うわけですからＸ捕手・Ｙ捕手の能力だけを比較することはできません。しかしＡ投手・Ｘ捕手、Ａ投手・Ｙ捕手という比較であれば投手の条件は揃いますから結果の違いは捕手の違いに起因することになります。もちろんたった２つのサンプルではこれといった結論は得られませんが、こうした事例を網羅的に集積して分析すれば、捕手の違いによってどれだけ失点に差が生まれるのかを探求することができます。

そしてウールナーはメジャーリーグの 17 年間を対象に、少なくとも 100 以上の打者と対戦した投手・捕手の組み合わせを抽出しました（サンプルとなるバッテリーの数は 6,347 にものぼります）。これらの組み合わせから被打撃成績を分析した結果、捕手ごとの優劣に一貫性は全くなく、リードのような能力の存在は統計的には検出できないという結論が出ました。

簡単に言ってしまえば「**データから見る限りは優れたリードなど
というスキルは明確には存在しない**」というわけです。

もっともこれに関しては守備から独立した投手評価を活用した分
析で捕手による被打撃成績の差はたしかに存在すると示したショー
ン・スミスの論文もあり、優れたリードという能力があるのかない
のかに関しては完全な結論は出ていない状態です。ただし少なくと
も、従来言われてきたほど重要で影響力のはっきりしたものではな
いと言うことはできるでしょう。

セイバーメトリクスにおける捕手の評価ではリード面はとりあえ
ず無視するか、考慮するとしてもかなりの程度割り引いて計算に組
み込むという方法が採られているのが現状です。

（2）盗塁阻止は本当に捕手の責任か

リードと同等かそれ以上に重要視されている捕手のスキルといえ
ば肩の強さです。盗塁を防ぐための肩は捕手が出場機会を得るため
の最も基本的な要素といっても過言ではありません。

リードと違って盗塁阻止は客観的な結果として目に見えるもので
あり、セイバーメトリクスにおいても以前から捕手の守備の評価と
して用いられてきました。攻撃側について盗塁の成功と失敗に得点
価値を掛けて評価するように、守っているときの許盗塁や盗塁刺に
得点価値を掛ければ盗塁阻止でどれだけ失点を防いだかを知ること
ができます。

ただしこの盗塁阻止能力の差は、失点へのインパクトではさほど
大きなものではありません。優れた捕手が平均的な捕手に比べて肩
で防ぐ失点は 5 点程度という結果になることが多く、二桁にのぼ
ることはなかなかありません。

さらに近年では**盗塁を刺せるかどうかは捕手よりもむしろ投手の
クイックの影響が大きい**とする分析結果も示されています。

例えばアメリカのセイバーメトリクス系ウェブサイトであるファングラフに掲載されたマックス・ウェインステインの論文では「投手がモーションに入ってからボールをリリースするまでの時間」「ボールがリリースされてから捕手が捕球するまでの時間」「捕手が捕球してから投げるまでの時間」「捕手が投げてから送球を受ける野手に届くまでの時間」といったように時間の経過を細かく計測し、各所でかかった時間と盗塁阻止の結果との関係が分析されています。

　そこでの結論は、捕手の捕球から送球完了までにかかった時間は盗塁阻止の成否とはあまり相関がなく、走者を刺せるかどうかは主に投手が投球動作をはじめてからリリースするまでの時間（日本の言い方で言えばクイックの速さ）で決まるというものです。

　このような研究は他にも例があり、結果にそれぞれ微妙な差はありますが、盗塁阻止に関して捕手よりも投手の方が重要らしいということはよく指摘されているところです。盗塁阻止率で捕手を評価する際にはこのような点によく留意すべきでしょう。

（3）ピッチ・フレーミングという技術

　もうひとつ近年研究が進んでいる事柄として、**ピッチ・フレーミング**という捕手の技術があります。これは簡単に言えば、キャッチングによってボールかストライクか際どいコースをストライクと判定させる技術のことを言います。

　フレーミングの実態を暴いたのはメジャーリーグで先駆けて導入されているトラッキングと呼ばれる技術です。トラッキングとは球場に設置した高性能レーダーとコンピュータによって投球の軌道などグラウンド上の物理的な動きを観測・記録することですが、トラッキングによって得られたデータを分析した結果、微妙なコースをストライク判定させる割合には捕手ごとに大きな差があることがわかりました。

捕球の上手さが判定に影響を与えること自体は従来もなんとなく言われてきたことではありますが、それを客観的に明らかにし、定量的にどれくらい失点への影響があるのかを明らかにしたのがトラッキング及びセイバーメトリクスの功績です。

メジャーリーグの分析では優れたフレーミングは年間でチームの失点を 10 点以上少なくするケースもあり、見方によってはリードや肩よりも重要なスキルであると言えるかもしれません。

（4）捕手評価の現状

捕手は「扇の要」と言われ、守備においてとても重要な存在と考えられています。セイバーメトリクスはそれを一旦新たな視点で見つめなおし、客観的・定量的に分析を行った結果、リードという能力が実は影響の見えにくいものであること、盗塁阻止にはむしろ投手の影響が大きいこと、フレーミングというスキルが存在することを明らかにしてきました。

結局のところ現状として捕手の守備の評価に関してはなんとも言えない部分が多く、納得のいくかたちで数値化するのは難しいのが正直なところです。一般的には盗塁阻止や捕逸・失策、これにフレーミングを加味して評価するというあたりが無難な分析となっています。今後さらなる研究の進展が期待される分野でもあります。

5．チームの守備力評価

個人の評価ではありませんが、チーム単位で守備を評価するのに便利な守備効率（Defense Efficiency Ratio, DER）という指標がありますので補足的に説明しておきます。

守備効率はチーム全体を対象に「本塁打を除いてグラウンド上に

飛んできた打球をアウトにした割合」を表す指標で、公式記録から容易に計算することができることが特徴です。

$$守備効率（DER）＝\frac{打席－安打－四球－死球－三振－失策}{打席－本塁打－四球－死球－三振}$$

　式の分子は打席の結果打球としてアウトを取ったもの、分母は本塁打を除く打球を表しています。インプレー打率の裏返しとも言える数字であり、打球のうちヒットになった割合を表すのがインプレー打率、アウトになった割合を表すのが守備効率ということになります。守備効率の平均値は7割程度で、守備効率の値が高いほど打球を高い割合でアウトにしている優れた守備陣であることになります。

　チームの守備を評価するにあたりもちろんチームに所属する個々人の UZR を全て足してもいいのですが、UZR はそもそも専門機関のデータがなければ算出できません。これに対して DER は公式記録で計算できる上に、論理的にすっきりしていてわかりやすい指標です。

　ひとつの打球を安打ではなくアウトにすることの得点価値は平均的に 0.78 点ほどですから、平均的な守備に比べて稼いだアウト数に 0.78 をかければチームの守備得点を計算することもできます。

チームの守備得点

＝0.78×（守備効率－リーグ平均守備効率）×（打席－本塁打－四死球－三振）

　投手のインプレー打率に関しては運の要素が大きく扱いの難しい指標であることはすでに述べましたが、チーム全体の一年間の成績について守備効率を計算する場合、対象となる打球の数は 4,000 近くにもなり、その中には様々な投手・打者のものが含まれるため

守備力以外の部分はかなり平均化されることが期待できます。

　そのような理由によって守備効率は簡単ながら有効にチームの守備力を評価する指標となります。

表 3-4-3
［2019 年守備効率ランキング］

セ・リーグ

球団	守備効率	チーム守備得点
中日	.709	48
広島	.698	18
DeNA	.694	6
巨人	.693	3
阪神	.685	-20
ヤクルト	.671	-63
平均	.692	-

パ・リーグ

球団	守備効率	チーム守備得点
楽天	.713	34
日本ハム	.711	29
ソフトバンク	.711	28
西武	.693	-25
ロッテ	.689	-35
オリックス	.689	-35
平均	.701	-

第五節　投球の評価

1．投手の個人成績への疑問

　投手の評価に関しては、どこまでが投手の責任範囲であるかを判断して投手に責任のある部分だけから評価を行うという点が最も重要です。 その背景にあるのは言うまでもなく第二章第七節で紹介したボロス・マクラッケンの理論です。

　一般的に使われている勝利数や防御率による評価の問題点は、それが投手の責任によらない要素に大きく依存していることです。勝敗は得点と失点の関係で決まりますが投手が影響を持てるのは失点の側面だけですから少なくとも半分は野手の責任による数字ですし、防御率は失点の側面だけに注目はしていますが、被安打という実は投手の制御できない要素が大きく関与しています。

　こうした議論に関しては「そうは言っても試合の目的は勝利なのだから勝つことが重要で、勝てる投手は優れた投手だ」といった反論も見られます。しかし勝つのはチームであってマウンド上の投手個人ではありません。そしてマウンド上の投手個人が勝利に対してできることは限られています。まず勝敗を決める半分の要素である攻撃にはほとんど関与できませんし、残り半分の守りに関しても野手の守備が大きく影響してきます。

　この意味では「ある投手が 15 勝を挙げた」といった表現は言い方そのものが大変に不正確であることになります。ある野手が出場した試合においてチームが勝利したからといってその野手について「勝利を挙げた」とは言わないのと同じ問題です。勝利には投手だけではなく打者や守備も関わっているのですからあくまでも勝利と

言うのはチームの単位で考えるべきものです。

一般的に投手の個人成績と言われるものはその投手がマウンドにいるときにチームに何が起きたかを記録しているのであって、**分析的な意味で言うと被本塁打・奪三振・与四死球以外に「投手の個人成績」というものはそもそも存在しないのかもしれません。**

2．守備から独立した防御率

こうした文脈の中で、被本塁打・奪三振・与四死球だけから投手を評価しようという手法が出てきます。代表的なものがトム・タンゴの開発した **FIP（Fielding Independent Pitching）** です。これは被本塁打・奪三振・与四死球に係数を掛けてインプレー打率が平均的だとした場合の防御率を計算する指標です。「守備から独立した防御率」を表すと考えればいいでしょう。式に登場する 13 や 3 といった係数は加重出塁率と同じように得点価値を元にして導かれた係数で、各事象の失点への影響を表しています。

FIP

＝{13×被本塁打＋3×（与四球−故意四球＋与死球）−2×奪三振}÷投球回＋3

※厳密には 3 の部分は FIP の平均値と防御率の平均値が一致するよう、
　リーグに合わせて微調整する

投手がどれだけ有効に失点を防ぐ投球をしているかの評価としてセイバーメトリクスの世界で最もオーソドックスなのはこの FIP です。FIP は打者でいうところの加重出塁率のような位置づけで、計算は簡単ながら非常に強力な指標です。

従来の考え方からすると FIP はずいぶん大胆で極端に見える評価方法です。なにしろ投手の働きを評価するのに本塁打以外の打球の

部分は完全に無視して被本塁打・奪三振・与四死球しか使いません。繰り返しますがこれは本塁打以外の安打は投手がコントロールできないというボロス・マクラッケンの理論を土台にしています。被本塁打以外の被安打は投手の責任ではないのだから無視して、投手個人の評価は被本塁打・奪三振・与四死球だけによって行うという考え方です。

　もっとも FIP の解釈に関しては「投手の失点阻止パフォーマンスは被安打を完全に無視して評価するのが正しい」という見方ではなく「FIP は単に、仮に本塁打・三振・四死球だけから防御率を計算したらどうなるかを求める式であってそれ以上でもそれ以下でもない」という見方もあります。

　例えばピッチングを数字から分析するにあたって 9 イニングあたりの奪三振数（いわゆる奪三振率）に注目するということは昔から行われていることです。こうした数字を評価したからといっていちいち「奪三振以外の要素は無視して投手を評価する」とは言いません。与四球率や被本塁打率に関しても同様です。そうした文脈の中で、単にそれらに得点価値を掛けて足し合わせたのが FIP である、という考え方もできるわけです。被安打の部分に関しては色々な意見があるけれども、とりあえず本塁打・三振・四死球の部分だけを数値化してみたらどうなるのかを知るのは有益です。仮にインプレー打率の部分に関して少しは投手の責任があると考えるとしても、FIP は議論の土台になります。

表 3-5-1
[2019 年 FIP ランキング（規定投球回到達投手）]

セ・リーグ

順位	選手	球団	FIP
1	山口 俊	巨人	3.08
2	今永 昇太	DeNA	3.52
3	大野 雄大	中日	3.70
4	西 勇輝	阪神	3.77
5	K・ジョンソン	広島	3.87
6	柳 裕也	中日	3.99
7	大瀬良 大地	広島	4.13
8	青柳 晃洋	阪神	4.35
9	小川 泰弘	ヤクルト	4.59
平均			4.27

パ・リーグ

順位	選手	球団	FIP
1	山本 由伸	オリックス	3.09
2	有原 航平	日本ハム	3.36
3	千賀 滉大	ソフトバンク	3.54
4	山岡 泰輔	オリックス	3.58
5	美馬 学	楽天	4.07
6	高橋 礼	ソフトバンク	4.47
平均			4.31

　なお、ここで打者を評価する際にも投手のように「守備から独立した」方法で評価しなくていいのかという疑問が湧きます。第二章第八節で見たように、打者のインプレー打率も投手ほどではないにしろ一貫性が乏しいため未来予測をする上ではかなり割り引いて考える必要があります。しかし貢献度の評価を考える場合、打者に関しては投手のように「結果についての責任をほかの選手とシェアしているから自らの責任部分だけを取り出す」という作業を行う必要がありません。このため勝利貢献値の算出において打撃成績は守備から独立したものとはせず打席の結果をそのまま使うかたちとなります。

3．投球の中身を解析する

投手についても打者と同じように HR%・K%・BB% を使った中身の分析は有効です。すなわち対戦打者数に対する被本塁打・奪三振・与四球の割合を見るということです。

投手の評価が FIP で行われるとするならば、当然のことながら投手が自身の評価を高めるには①奪三振を増やすか②与四死球を減らすか③被本塁打を減らすかの 3 つしか方法はありません。HR%・K%・BB% を見れば FIP の高低の要因がすぐにわかり、その投手の強み・弱みがどこにあるのかが把握できます。

投手に関しては特に K% と BB% が能力を推し量る上での鍵であり、将来の成績を予測するには K% から BB% を引いた数字が簡単かつ有益であるという研究結果も出ています。すなわち「K–BB%」が高いほど将来の予想される防御率は低いということです。

奪三振数を与四球数で割った「K/BB」という指標も有名であり使われることが多いですが、四球の少ない投手で値が大げさに出がちであり、奪三振も四球も多いという投手がやや不利になる傾向にあります。そのため割り算よりも引き算の方が的確に評価を行うことができます。

表 3-5-2
[2019 年 K-BB% ランキング（規定投球回到達投手）]

セ・リーグ

順位	選手	球団	K%	BB%	K-BB%
1	今永 昇太	DeNA	27.2	8.2	19.0
2	山口 俊	巨人	26.7	8.5	18.2
3	大野 雄大	中日	22.4	6.2	16.2
4	柳 裕也	中日	20.8	5.4	15.4
5	大瀬良 大地	広島	19.1	4.9	14.2
6	小川 泰弘	ヤクルト	19.2	5.2	14.0
7	K・ジョンソン	広島	20.3	8.9	11.4
8	西 勇輝	阪神	16.0	5.1	10.8
9	青柳 晃洋	阪神	16.6	7.0	9.7
平均			20.3	8.7	11.6

パ・リーグ

順位	選手	球団	K%	BB%	K-BB%
1	千賀 滉大	ソフトバンク	30.2	10.0	20.2
2	有原 航平	日本ハム	25.2	6.3	18.9
3	山本 由伸	オリックス	23.0	6.5	16.5
4	山岡 泰輔	オリックス	22.0	6.4	15.6
5	美馬 学	楽天	18.7	4.0	14.7
6	高橋 礼	ソフトバンク	12.5	8.4	4.1
平均			19.4	8.8	10.6

　なお投手の有名な指標にイニングあたりの被安打と与四球を表す
WHIP（Walks plus Hits per Inning Pitched）というものも存在します。

$$\text{WHIP} = （被安打＋与四球）÷投球回$$

　WHIP は MLB ではよく浸透した指標であり計算式も簡単で、わ
かりやすいと言えばわかりやすい指標です。しかし中身をよく見て
みると被安打は野手の影響を強く受けるものであり投手を独立して
評価するものではありませんから投手を評価したり分析したりする
上での使い道に乏しく、現在のセイバーメトリクスでは使われない
指標となっています。投手が許している出塁の内容を分析したいの

であれば、与四球が多いのか、被本塁打が多いのか、それとも三振が奪えずにインプレー打率の部分で出塁を許しているのか、といった切り口で内容を掘り下げていく方が有効でしょう。

さらに投手の視点で見ると面白いのは球種価値（Pitch Value）という統計です。これは得点期待値を走者・アウト状況に対してではなくボールカウントに対して計算した上で、投手が投じた球種ごとにどれだけ得点期待値を変動させたかを集計したものです。

例えば、0 ボール 0 ストライクの時点を基準として初球がボールになるとやや打者が有利になるため、打席の結果生じる得点の見込みは 0.02 点増加します。このとき投手が投じた球がカーブであれば、カーブの球種価値に −0.02 が記録されます。次のストレートがストライクになればまた投手有利になるため、ストレートの球種価値が加算されます。次のフォークを投げて長打を打たれれば、フォークの球種価値にマイナスが記録されます。

こうした結果を集計していくと、打者との対戦の結果に対してそれぞれの球種がどのように効いているのかがわかってきます。どの球種が勝負を決めているか、というイメージで考えてもいいでしょう。

4．真の失点率

打球データ（Batted Ball）や投球対応データ（Plate Discipline）による分析が可能なのも打者と同様です。投手に関して打球データでよく注目されるのは、打たせた打球がゴロになった割合です。ゴロは長打になる可能性が低く、また走者がいれば併殺を狙える確率が高いため、守備側にとっては安全でメリットが大きい種類の打球です。仮に三振を取れず打球を放たれたとしてもそれがゴロになる

割合が高ければリスクの少ない投球をしているものとして好意的に評価されます。

　守備から独立した投手評価の説明で打球が安打になる割合（インプレー打率）は投手ごとに一貫性がなく能力とはみなせないと述べましたが、打たれた打球がゴロになるかフライになるかの傾向に関しては投手ごとにタイプが分かれ、むしろはっきりとした一貫性があることがわかっています。

　こうした文脈の中で、FIP のように打球部分を全く無視するのではなく、ゴロ・フライ・ライナーという打球の種類ごとに失点・アウトの見込みを計算して投手の責任に割り当てる **tRA（true Runs Allowed）** という指標もあります。tRA は FIP より精緻に投手の責任を計算する指標であり、貢献度の評価としては有力です。

　tRA は「真の失点率」という意味です。具体的な計算としては下の表を見て考えるのがわかりやすいでしょう。

表 3-5-3
［事象ごとの失点期待値・アウト期待値］

結果	失点期待値	アウト期待値
四球	0.29	0.00
死球	0.30	0.00
奪三振	-0.11	1.00
被本塁打	1.41	0.00
ゴロ	0.03	0.75
内野フライ	-0.12	0.99
外野フライ（本塁打を除く）	0.12	0.71
ライナー	0.33	0.26

　表 3-5-3 には各事象に対する平均的な失点（都合上、ここでは平均的な見込みに対する増減値ではなく絶対値）と、アウトの期待値がまとめられています。ここで注意が必要なのはこの表で「ゴロ」と言えばそれは「ゴロアウト」の結果を指すのではなく、ヒットになったものもアウトになったものも含めてゴロという性質の打球と

いう意味です。

　例えばゴロは発生した時点で 0.03 の失点見込みを持っています。そしてゴロはアウトになる割合が 75% ですから、ゴロひとつには 0.75 個のアウトが平均的に見込まれます。そうすると、ゴロ打球をひとつ発生させた投手は 0.03 点の失点をして 0.75 個のアウトを獲得したと評価すれば、野手が実際にアウトをとったかどうかの部分に影響は受けずに打球の種類までの責任を持たせて投手を評価することができます。言い方を換えれば、野手の守備力が平均的だと仮定した場合にゴロは 0.03 失点と 0.75 アウトを生むためそれを投手に付与するのです。

　このような考えにもとづき、投手ごとに四球・死球・三振・本塁打・ゴロ……の数にそれぞれ上記の失点期待値を掛け算していって合計すれば「守備から独立した失点数」を計算することができます。同じように、打席の結果にアウト期待値を掛け算して合計すれば「守備から独立したアウト数」を計算することができます。そうして求めた値から失点率を計算すれば、「守備から独立した真の失点率」が算出されます。

tRA ＝ 27 ×守備から独立した失点数÷守備から独立したアウト数

　tRA の計算の背景には「どのような種類の打球が発生したのかまでは投手の責任と考えていいだろう」という考え方があります。FIP では本塁打以外の打球はどんな打球であれ一律の扱いを受けますが、ヒットになりやすいライナーとアウトになりやすい内野フライとではさすがに意味合いが異なります。であれば、実際にヒットになるかアウトになるかは野手の責任が絡むため投手の責任とするわけにはいかないけれども、打球の種類の部分までは投手の責任とする考え方が出てくるのも理解できます。

このため tRA は FIP の自然な拡張版と言われます。FIP が打席の結果を {本塁打・四死球・三振・インプレー打球} と分類して打球は全て一緒くたに扱っているのに対して tRA は「インプレー打球」をさらに {ゴロ・ライナー・内野フライ・外野フライ} と細分しているだけのことで、守備に影響されないよう打球の種類に平均的な失点見込みを割り当てて現実の結果は無視するという発想は全く同じです。

表 3-5-4
[2019 年 tRA ランキング（規定投球回到達投手）]

セ・リーグ

順位	選手	球団	tRA
1	山口 俊	巨人	2.96
2	今永 昇太	DeNA	3.41
3	大野 雄大	中日	3.61
4	K・ジョンソン	広島	3.68
5	西 勇輝	阪神	3.79
6	大瀬良 大地	広島	4.05
7	青柳 晃洋	阪神	4.05
8	柳 裕也	中日	4.38
9	小川 泰弘	ヤクルト	4.60
平均			4.27

パ・リーグ

順位	選手	球団	tRA
1	山本 由伸	オリックス	2.71
2	千賀 滉大	ソフトバンク	3.36
3	有原 航平	日本ハム	3.45
4	山岡 泰輔	オリックス	3.57
5	美馬 学	楽天	4.29
6	高橋 礼	ソフトバンク	4.50
平均			4.31

第六節　評価の総合

1．選手評価の究極的な尺度

　ここまで打撃、走塁、守備、投球を数値化して評価する手法について説明してきました。選手評価のゴールは、これらの数字を総合してその選手のトータルの評価を導き出すことです。

　その前に一度立ち止まって、ある選手がチームにとってどれだけ価値があるのか、どれほどの貢献があるのかというのはそもそも理論的にどう考えればいいのかについて整理しましょう。

　計算をどうするかは別として、セイバーメトリクスの基本方針に則り、単に数字を出すというのではなくゼロから図式を捉え直してみます。「3割30本打つ」とか「強力なリーダーシップでチームを鼓舞する」といったことは手段であり目的ではありません。そうではなく、チームの目的は勝利ですから、**その選手が出場することによってどれだけチームの勝利が増えているか**がその選手の貢献度であり価値であると言えます。

　言い方を換えればある選手の貢献度とは①その選手が出場した場合のチームの勝利数と②仮にその選手が出場しなかったとした場合のチームの勝利数との差です。

図 3-6-1
[貢献度の考え方]

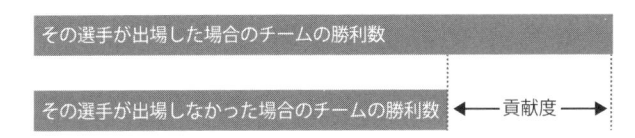

とはいえ上記はあくまでも理念的な話であって、現実には「その選手が出場しなかった場合のチームの勝利数」は観測できませんし、したがって差をとる計算で簡単に貢献度が計算できるわけでもありません。実際には上記の貢献度の理念に合うように、細かい数字を積み上げて数字を計算していくこととなります。その指標が先に名前を出した勝利貢献値（Wins Above Replacement, WAR）です。

勝利貢献値は、定義としては「代替可能な水準（控えレベル）の選手が出場する場合に比べてその選手が出場することによって増やしたチームの勝利数」を表す指標です。その選手が故障をしたりして出場できなくなれば代わりに控えの選手が出てくるわけですから、その水準と比較することで上記の理念的な貢献度を計算するということです。

具体的な計算はここまでの議論を踏まえればさして難しいものではありません。野手に関しては打撃得点・走塁得点・守備得点（UZRやDRS）・守備位置補正値を足し合わせれば走攻守合わせて「平均的な選手が出場する場合に比べてどれだけ得点を増やしたか（失点を減らしたか）」を計算することができます。これはそれだけでかなり総合的な貢献度を表した数字です。

勝利貢献値を計算するにあたってはそこから①平均ではなく代替可能水準（控えレベル）と比較する②数字の単位を得点数から勝利数に変換するというふたつの工夫が加わります。

2．代替可能水準（控えレベル）との比較

代替可能水準（控えレベル）に関する議論から考えていきましょう。打撃得点や守備得点は、同じ出場機会を「平均的な」選手が出場する場合に比べてどれだけその選手が得点を増やしたか、失点を

増やしたかを評価する指標でした。

　平均というのは基準としてはわかりやすいです。リーグの打数合計で安打数合計を割ればリーグ平均の打率が計算できるように、「平均とは何か」で揉めることはあまりありませんし、全体の真ん中の成績と比較するということはその選手が利益をもたらしているのかどうかに関して明確な判断基準を与えてくれます。

　しかし、これを選手の貢献度や価値として実践的に考えた場合にやや現実感と離れた結果をもたらす場合があります。例えば次の二人の架空の打者を考えてみましょう。

A：500 打席　　加重出塁率 .330
B：100 打席　　加重出塁率 .370

　A は加重出塁率 .330 と平均的ですが身体が頑丈で年間を通して出場した打者です。それに対して B は加重出塁率 .370 と非常に優秀であるものの故障しがちで、100 打席しか出場できなかった打者です。考えたいのはこのような二種類の打者がいた場合、どちらの貢献度が高いのかです。

　平均を基準にとる打撃得点を計算した場合、A はプラスマイナスゼロ、B は +3 です。ではこのことから直ちに B の方が大きな貢献をした打者と言ってしまっていいのでしょうか。

　ペナントレースを戦う現実というものを考えると、そうではないはずです。というのも、B が故障をして 100 打席しか出場できなければ、離脱中の試合ではそのポジションを埋めるために能力の劣るベンチの選手を出場させなければならなくなるからです。その控えの打者の加重出塁率が .300 だとすれば、年間の 500 打席のうち B が出場した 100 打席を除く 400 打席で控えの打者が出場し、その打者の打撃得点は -10 となります。B の +3 と合算しても -7 で

あり、それなら平均的な打力の A が 1 年間出場してくれたほうがチームとしては勝利が増えることになります。

このような実態を反映するため勝利貢献値では選手の働きを「平均的な選手が出場する場合」と比べるのではなく「代替可能水準の選手が出場する場合」と比べます。あくまでも選手の働きを一般的な基準と比較することが目的ですから、「代替可能水準」というのはその選手が所属する個々のチームのベンチの人員を反映するのではなく、リーグ全体として見た場合の一般的な控えレベルの水準です。

実際に過去のデータからレギュラーの選手を除外して代替可能な選手の成績がどのくらいなのかを集計していくと、打者に関しては加重出塁率で平均の 0.88 倍となります。加重出塁率の平均値が .330 のときであれば .290 の水準です。この場合、加重出塁率 .330 の平均的な打者が 600 打席出場したときの打撃得点は 20 点となります。つまり平均的な打者と代替可能水準の打者との差を年間の得点数で表すと 20 点ということです。なお守備・走塁に関しては平均的な選手と代替可能な選手とはほぼ同じ水準にあるという研究結果となっています。

投手に関しては先発投手と救援投手で分けて考えるのが通常です。失点率を尺度としてみると、代替可能水準の先発投手は平均の 1.39 倍失点し、代替可能水準の救援投手は 1.34 倍失点するとデータで出ています。失点率 4.50 を平均とした場合、それぞれ 6.26 と 6.03 です。普通に考えればかなり悪い失点率であり、そのくらいの投手であれば最低限ベンチに控えているだろうという現実の感覚に照らしても違和感はないでしょう。

　本文で触れた通り、選手の貢献度をひとつの数字に還元してしま
う総合評価指標は選手評価の究極であり、昔からその試みはなされ
ています。ビル・ジェイムズが開発した総合評価システムはウィン
シェア（Win Shares）というもので、チームの勝利数を選手の評価
値で分配するという発想の数値です。結果はゼロからの積み上げで
表現され、各選手のウィンシェアを全て足し合わせるとチームの勝
利数と一致することになります（便宜上ウィンシェアは勝利数の3
倍を単位として表現されますが）。

　これに対してピート・パーマーは得点期待値をベースとしたトー
タルプレーヤーレーティング（Total Player Ratings）という総合評
価を作り上げました。こちらはここまで見てきた打撃得点・守備得
点等を足し合わせるような発想で、枠組みは今日の勝利貢献値に近
いですが、その基準は「平均」です。

　勝利貢献値の先輩にあたるふたつの有名なシステムはいずれも基
準に「代替可能水準（控えレベル）」を採用しておらず、逆に言えば
その点が勝利貢献値の特徴とも言えます。

3．単位を得点数から勝利数へ

　もうひとつの工夫は、打撃得点や守備得点の計算では文字通り単
位が「得点数」であったものを「勝利数」に変換するということです。
なぜそうするかといえば、チームの究極の目的は勝利であって得点
ではないからです。いきなり勝利を分析するのは大変なので、個々
の指標の算出では勝利ではなく得点を便宜的に用いていたというこ
とに過ぎません。

　もっとも得点数を勝利数に変換するのは基本的にとても簡単で、

得点数を 10 で割れば勝利数になります。つまり、打撃得点が 10 の打者は打撃でチームの勝利を 1 つ増やしたという計算です。

どうしてそのようなことが言えるかというと、その背景は第一章で紹介したピタゴラス勝率の考え方です。ピタゴラス勝率はチームの得点と失点から見込まれる勝率を計算するもので、その予測は実際の勝率と極めてよく一致します。これは「得点の増加と勝利の増加には強い相関関係がある」ことにほかなりません。このことを図で確認してみましょう。

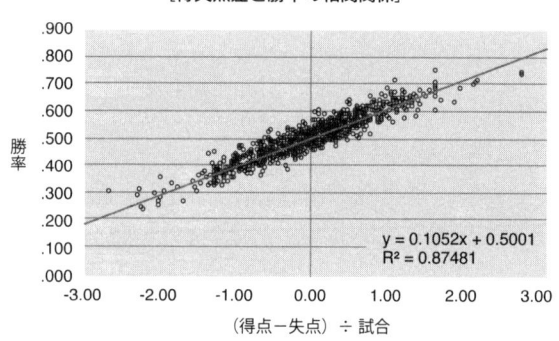

図 3-6-2
[得失点差と勝率の相関関係]

図 3-6-2 は横軸をチームの試合あたりの得点と失点の差、縦軸を勝率とした散布図です（1950 年〜 2018 年）。右肩上がりに分布しており、「得失点差が増えるほど勝率が高まる」という関係が強いことがわかります（野球のルールからして当然といえば当然です）。

そしてこの図から傾向を測ってみると、おおむね「得点が 10 増えると（失点が 10 減ると）勝利が 1 増える」という対応関係があることがわかります。

この「10 点で 1 勝」という法則は日本のプロ野球でもメジャーリーグでもおおむね共通している基本原則です。ただしいつでも正しいというわけではなく、例えば「飛ぶボール」が採用されている得点の多いリーグでは「11 点で 1 勝」など勝利を増やすのに必要

となる得点数が増えます。ホームランが乱れ飛んでいるようなリーグでは試合を決するのに多くの得点が必要であることは直感的にもイメージしやすいでしょう。逆に投手優位で得点の発生が少ないリーグでは「9点で1勝」など少ない点数が勝敗を左右することになります。と言っても10点からそう大きく離れることはありません。この「○点で1勝」のように「勝利をひとつ増やすのに必要な得点数」のことを勝利換算係数（Runs Per Win, RPW）といいます。リーグに合わせた勝利換算係数を計算する公式はピート・パーマーが開発しています。

勝利換算係数

$= 10 \times$（リーグのイニングあたり得点＋失点）の平方根

　得点数を単位として計算した選手の貢献度を勝利換算係数（おおむね10）で割れば、勝利数を単位とした評価が計算できます。

勝利数＝得点数÷勝利換算係数

4．野手の勝利貢献値

　具体的に野手の勝利貢献値をどのように計算するのかを見ていきましょう。野手に関してはこれまでに見てきた打撃や走塁、守備などの評価項目をブロックとして積み上げていくようなイメージで総合的な評価が算出されます。

野手の勝利貢献値

$$= \frac{打撃得点＋走塁得点＋守備得点＋守備位置補正値＋代替水準対比価値}{勝利換算係数}$$

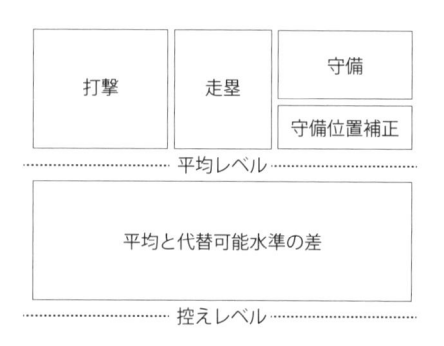

図 3-6-3
［野手の勝利貢献値の全体像］

式の分子は全て得点を単位として計算され、最後に勝利換算係数で割ることで単位を得点数から勝利数へ変換します。

「代替水準対比価値」が定義されていなかったので確認しますと打撃得点から守備位置補正値までは平均との対比で計算される数字です。勝利貢献値はそのままだと平均と比べてどれだけ優れているかを表す指標になってしまいます。そこで図 3-6-3 で「平均と代替可能水準の差」とあるように、平均的な水準と代替可能水準との差の部分を計算して埋めてあげることで代替可能水準との比較を行った指標に変換します。代替可能水準は加重出塁率で平均の 0.88 倍ですから、下記の計算式で代替水準対比価値が計算できます。

代替水準対比価値

＝ （リーグ平均加重出塁率－ 0.88 ×リーグ平均加重出塁率）÷ 1.2 ×打席

代替水準対比価値は 600 打席の打者については 20 点になります（本節の 2 で見た平均的な打者の打撃得点と同じです）。評価の対象となる打者から見ると、本人の加重出塁率とは関係なく、立った打席の数に比例する評価項目となります。従ってこれは実質的に頑健さを評価する項目として機能します。

表 3-6-1
[2019 年野手勝利貢献値トップテン]

セ・リーグ

順位	選手	球団	打撃得点	走塁得点	守備得点	守備位置補正	代替対比	勝利貢献値
1	鈴木 誠也	広島	59.5	3.7	9.3	-4.4	15.7	8.6
2	山田 哲人	ヤクルト	46.4	-1.0	0.9	7.2	16.5	7.2
3	坂本 勇人	巨人	46.1	-0.7	-3.0	5.0	16.4	6.6
4	丸 佳浩	巨人	28.2	-4.7	8.7	-1.0	16.2	4.9
5	D・ビシエド	中日	36.6	-4.0	3.9	-11.1	15.2	4.2
6	阿部 寿樹	中日	8.7	2.3	10.4	5.1	12.4	4.0
7	青木 宣親	ヤクルト	24.4	3.8	-2.6	-1.9	14.5	3.9
8	會澤 翼	広島	17.3	-5.6	0.1	12.6	11.5	3.8
9	菊池 涼介	広島	3.8	5.0	5.0	7.0	15.9	3.8
10	梅野 隆太郎	阪神	0.0	1.8	1.9	14.8	12.6	3.6

パ・リーグ

順位	選手	球団	打撃得点	走塁得点	守備得点	守備位置補正	代替対比	勝利貢献値
1	森 友哉	西武	40.7	4.3	0.9	15.7	18.0	7.8
2	外崎 修汰	西武	21.9	6.7	10.7	6.8	19.5	6.7
3	浅村 栄斗	楽天	33.3	-1.2	1.6	6.3	19.9	6.1
4	吉田 正尚	オリックス	47.2	-1.1	1.4	-9.9	19.1	5.8
5	荻野 貴司	ロッテ	28.2	8.5	-2.8	-1.0	17.8	5.2
6	秋山 翔吾	西武	32.4	0.9	-3.8	-1.1	21.3	5.1
7	茂木 栄五郎	楽天	16.9	4.4	-1.9	3.2	20.3	4.4
8	J・ブラッシュ	楽天	37.0	-1.1	-2.5	-8.1	16.5	4.3
9	源田 壮亮	西武	-12.4	6.6	22.4	4.7	19.1	4.1
10	西川 遥輝	日本ハム	18.0	7.8	-5.9	-1.1	20.4	4.0

※計算式の差異により打撃得点は表 1-3-4 と若干異なる

5．投手の勝利貢献値

投手の勝利貢献値の算出においても、当然ながら理念は野手の場合と同一です。すなわち「仮にその投手が投げずに代わりに代替水準の投手が投げていたらどうなっていたのか」を考えます。

一旦平均との比較を出してそこに代替水準との差を加えた野手の

計算と比べると、投手の計算はよりシンプルです。DELTA の勝利貢献値では、投手の tRA と代替水準の tRA を比較する計算を行います。

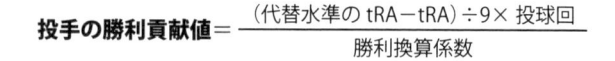

$$投手の勝利貢献値 = \frac{（代替水準の\ tRA - tRA）÷ 9 × 投球回}{勝利換算係数}$$

図 3-6-4
［投手の勝利貢献値の全体像］

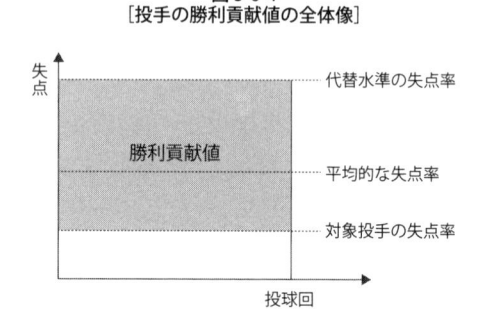

「代替水準の tRA」は先発か救援かによって異なる数字が入ります。先発投手であればリーグ平均の 1.39 倍、救援投手であればリーグ平均の 1.34 倍です。

　計算のロジックはほとんど説明不要なほどシンプルです。代替水準の先発投手の tRA が 6.26 だとしましょう。ある先発投手の tRA が 3.00 であれば、この投手は 9 イニングあたり 3.26 点を「代替水準の先発投手が投げる場合に比べて防いでいる」ことになります。9 で割って 1 イニングあたりに直せば 0.36 点です。この投手が 150 回投げていれば、代替水準に比べて防いだ失点は 54.3 点となり、10 で割って勝利数に換算すれば勝利貢献値は 5.4 と求められます。

　ちなみに、式中の tRA の部分は勝利貢献値の理論的な必然として tRA でなければならないわけではなく、守備から独立した投手評価であれば構いません。例えばアメリカのファングラフでは勝利

貢献値の算出にあたって内野フライを奪三振に含めて計算した FIP を用いています（内野フライはほぼ自動アウトであり投手の手柄だという考え方です）。

　そしてまた異なる視点として興味深いのはアメリカのデータサイトのベースボール・リファレンスが勝利貢献値の算出の際に用いている手法です。これは投手と守備の責任を区分しない通常の失点数から出発して、そこからチームの守備得点を引くというものです。例えばある投手の登板時のチームの失点が比較基準に比べて 20 点少なかったとします。このときチームの守備得点が 5 点とすると、それを差し引いた 15 点を投手の貢献分とする計算方法です。

　FIP や tRA が「守備の関わらない要素を集めて投手の働きを計算する」ものであるのに対してベースボール・リファレンス方式は「失点全体から守備の働き分を引く」というものです。論理的にはどちらの道をたどっても投手の責任部分だけを導くことができますから、いずれも成り立つ考え方です。

　守備から独立した投手の評価を出すにあたってどのような数値を採用するかに関しては三者三様で面白い状況となっています。

　なお、執筆時点で DELTA の勝利貢献値には取り入れられていませんがファングラフやベースボール・リファレンスの勝利貢献値で取り入れられている要素に救援投手のレバレッジ（Leverage）があります。

　レバレッジというのは登板した局面における 1 点の重要度を表す指数です。例えば単なる初回の 1 点と同点の 9 回表の 1 点とでは勝利に与える重みが全く異なるでしょう。これはその 1 点が与える勝利確率の振れ幅として客観的に数値化することができます。救援投手はペナントレースにおいてチームの年間失点数の総量を減らすことを目指しているのではなくあえてここぞという場面のために控えているわけですから、その働きの意味を数値的に捉える手法とし

て勝利貢献値の計算でレバレッジを加味することが行われているのです。

表 3-6-2
[2019 年投手勝利貢献値トップテン]

セ・リーグ

順位	選手	球団	勝利貢献値
1	山口 俊	巨人	6.6
2	今永 昇太	DeNA	5.3
3	西 勇輝	阪神	4.1
4	K・ジョンソン	広島	3.9
5	大瀬良 大地	広島	3.6
6	菅野 智之	巨人	3.4
7	大野 雄大	中日	3.3
8	高橋 遥人	阪神	3.3
9	C・C・メルセデス	巨人	3.0
10	青柳 晃洋	阪神	3.0

パ・リーグ

順位	選手	球団	勝利貢献値
1	千賀 滉大	ソフトバンク	5.9
2	山本 由伸	オリックス	5.1
3	山岡 泰輔	オリックス	4.4
4	有原 航平	日本ハム	4.4
5	石川 歩	ロッテ	3.1
6	種市 篤暉	ロッテ	2.9
7	松井 裕樹	楽天	2.9
8	高橋 礼	ソフトバンク	2.8
9	増田 達至	西武	2.8
10	二木 康太	ロッテ	2.8

おわりに

　本書ではメジャーリーグで発達してきたセイバーメトリクスについて、その歴史や思考方法を確認し、戦術やセオリーについての一般的な議論を見た後、個別の選手評価について考えました。

　入門書という性格上、主要な論点は一通りおさえたものの最先端の発展的な議論を網羅することはできていませんし、紹介している理論は通説的なものが多く少数説までは触れられていない部分もあります。そういった点については、本書を通じて得た基礎的な知識を踏まえながら巻末の参考文献やウェブサイトをご覧いただければと思います。

　セイバーメトリクスは全く権威的なものではなく常に分析手法や計算式の改善が試みられています。その意味で本書が示した体系や指標が絶対的に正しいとか同じ計算をしなければならないということはありませんから、むしろ本書で示されている分析の批判や改善を考えていただければそれこそがセイバーメトリクスの研究として有意義なものになるでしょう（もっとも闇雲に分析をしても「車輪の再発明」になる可能性が高いですから一通りの基礎の理解は重要です）。そして自分なりに表計算ソフトや統計ソフトで実際に計算をしたり図を描いたりしてみることが何より理解の助けになります。

　最後に、セイバーメトリクスのフロンティアとして、近年登場したトラッキングデータをめぐる議論があります。トラッキング（Tracking）とは高性能のレーダーやカメラを使用して投球、打撃、走塁、送球等のグラウンド上の物理的な動きを観測・記録することを言い、例えば投球の軌道や回転数を可視化して投球内容を詳細に分析することが可能になります。現在ではトラックマンと呼ばれるシステムがMLBの全球場に設置されており、NPBでも導入が始まっている旨の報道がなされています。

どの程度データが一般にオープンになるかという問題はありますが、メジャーリーグではかなり分析が進んできていますし、これからさらに議論の発展が期待されるところです。従来は「本塁打」や「四球」などの結果を受けて、それが勝利とどのような関係があるかという研究が進んできました。トラッキング技術の台頭によってそのプレーの内容にまで分析的に踏み込むことができるようになり、分析の可能性は大幅に広がったと言えます。

　ただし注意しなければならないのは、それによって従来のセイバーメトリクスが覆されたり上書きされたりするわけではなく、得点価値を生むプレーの物理的な内容が分析できるようになったに過ぎないということです。

図 4-1-1
［トラッキングの位置付け］

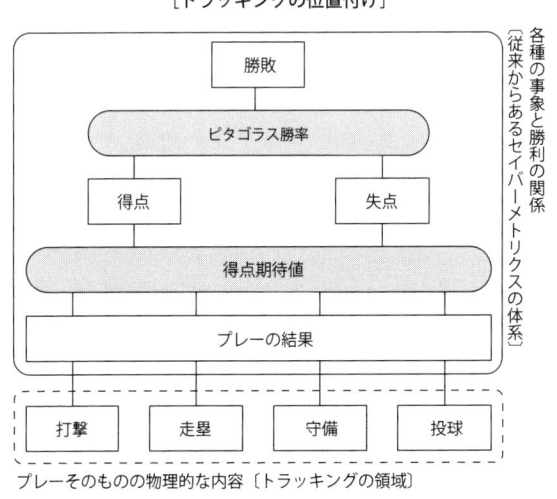

ヒットに価値があるのはあくまでもそれが出塁や進塁という形で得点価値を生み、得点が増えれば勝利の見込みが高まるからであって、その部分はこれまでのセイバーメトリクスの体系によって分析

される部分です。仮にどんなスイングがヒットを生みやすいかが分析できるようになったとしてもこの部分の理屈が変わるわけではありません。

　新たなデータと向き合うにあたってもこうした基礎が重要になります。本書がそのような基礎理解の一助になったとすれば幸いです。

蛭川 皓平

参考文献・ウェブサイト

『セイバーメトリクス・リポート』シリーズ
『デルタ・ベースボール・リポート』シリーズ
岡田友輔ほか／水曜社
毎年発行されるセイバーメトリクスの研究家たちによる論文集のような形の書籍です。私も参加しています。単なる基礎解説ではなく本格的な分析が展開されておりますのでいきなり読むにはやや難しいですが、本書で基礎を押さえた上で発展的な内容や分析のトレンドを知るにはうってつけです。

『マネー・ボール〔完全版〕』
マイケル・ルイス著・中山宥訳／早川書房 2013
第一章でも紹介した、セイバーメトリクスを有名にしたベストセラーのノンフィクション小説です。原書の出版は 2003 年ですが現在入手可能な日本語訳はこの文庫となります。セイバーメトリクスの解説書ではないもののストーリーの中でうまくセイバーメトリクスの内容が紹介されており、実際に球団経営に生かされるというイメージが持てることも相まってセイバーメトリクスの入門書としてオススメできます。

『ビッグデータ・ベースボール　20 年連続負け越し球団ピッツバーグ・パイレーツを甦らせた数学の魔法』
トラヴィス・ソーチック著・桑田健訳／ KADOKAWA・角川書店 2016
『マネー・ボール』のような意味でノンフィクションですが、さらに時代が進んだ世界が描かれています。守備シフトやピッチ・フレーミングのインパクトについて知ることができ、伝統的な体系を一歩超えてトラッキングの分析の世界に入っていくための導入としても

参考になります。

『シグナル＆ノイズ』
ネイト・シルバー著・川添節子訳／日経 BP 社 2013
成績予測システム PECOTA の開発者であるネイト・シルバーが執筆した書籍。データ分析と向き合う姿勢について学べるところが多い一冊で、セイバーメトリクスをはじめとして経済やギャンブルなど多岐にわたる内容が触れられています。

『[プロ野球でわかる！] はじめての統計学』
株式会社 DELTA・佐藤文彦著・岡田友輔監修／技術評論社 2017
セイバーメトリクスと統計学が同時に学べる一冊。本書では統計学の技術的な説明はできませんでしたが、『はじめての統計学』では具体的にデータをどのように処理して分析をするかが具体的に書かれていますので、自分で分析を始めようと思ったとき実作業の手引きとなります。

『The Book: Playing the Percentages in Baseball』（英語）
Tom M. Tango, Mitchel Lichtman, Andrew Dolphin/Potomac Books, 2007.
トム・タンゴ、ミッチェル・リクトマン、アンドリュー・ドルフィンの 3 人の分析家が共同執筆した書籍。送りバントや打順などの一般的な理論についてデータからわかることを詳細に分析しており、分析の結論もさることながら分析の過程や考え方についても大変勉強になる一冊です。本書でも一部引用をしています。

『Baseball Between the Numbers: Why Everything You Know About the Game Is Wrong』

Jonah Keri, Baseball Prospectus/Basic Books, 2006.（英語）

ベースボール・プロスペクタスの執筆チームによる書籍。重要な分析のまとめ集のような内容になっており、The Book よりは堅くなくエッジの効いた内容が多いです。本書でも紹介した捕手のリードに一貫性がないことに関する分析や、ビジネス面に踏み込んだ分析など、興味を持って面白く読み進められます。

1.02 – Essence of Baseball

https://1point02.jp/

株式会社 DELTA が運営する日本のセイバーメトリクス系ウェブサイトです。ほかでは見ることができない日本の本格的なセイバーメトリクス系データや分析、コラムが掲載されています。本書で紹介している指標の大部分はこのウェブサイトで見ることができます。本書で理論的な基礎を学んだら、1.02 で実際にデータを見て分析に取り組んでみましょう。

Baseball Concrete

http://baseballconcrete.web.fc2.com/

著者の運営するウェブサイト。本書で説明しきれなかった計算式の細かい背景や分析ネタを掲載しています。

FanGraphs（英語）

https://www.fangraphs.com/

メジャーリーグのセイバーメトリクス系ウェブサイト。大変に充実したデータとコラムで、メジャーに関してセイバーメトリクス関連の情報をあたるなら第一候補になるサイトです。

Baseball Reference（英語）

https://www.baseball-reference.com/

こちらもメジャーのデータサイト。FanGraphs よりもデータベースのような色が強く、歴史的なデータも充実しています。なんと日本のデータも掲載されています。

Baseball Prospectus（英語）

https://www.baseballprospectus.com/

著名なセイバーメトリクス系メディア。コラムには読み応えのあるものが揃っていますし、ファンタジーベースボール系の情報も充実しています。

Retrosheet（英語）

https://retrosheet.org/

メジャーリーグの詳細なデータを掲載しているウェブサイト。自分の手で本格的な分析をしようと思った際にはデータソースとして極めて有用です。

用語解説

【ピタゴラス勝率（野球版ピタゴラスの定理）】

$$得点^2 ÷ （得点^2 ＋失点^2）$$

チームの得点数と失点数から統計的に妥当な勝率を算出する計算
式。式の見た目がピタゴラスの定理（$a^2+b^2=c^2$）に似ていることか
らその名前が与えられている。

【得点期待値】

特定の走者・アウト状況から、そのイニングが終わるまでに平均し
て何点が期待されるか。プレーの結果を得点期待値の変動に置き換
えることによって選手や戦術の定量的な評価が可能になる。

【得点確率】

特定の走者・アウト状況から、そのイニングが終わるまでに少なく
とも1点が記録される確率。1点のみを問題にする分析では得点期
待値ではなく得点確率が用いられる。

【得点価値】

ある事象がもたらす平均的な得点期待値の変動。単打の得点価値が
0.44点である場合、単打を打つことによって得点の見込みが一般
的に0.44点高まることを意味する。言い方を換えればその事象の
得点の意味での価値である。

【勝利確率】

特定のイニング・点差・走者・アウト状況から、そのチームに見込
まれる勝率を表す数字。得点期待値の拡張版であり応用的な分析に
用いられる。

【勝率付加値（WPA）】

　各選手の「プレー後の勝利確率－プレー前の勝利確率」の合計

選手がもたらした勝利確率の増減を集計した値。平均的な選手でゼロとなり、プラスであればそれだけチームの勝利の見込みを高めるプレーをしたという評価となる。

【勝利換算係数（RPW）】

　10×（リーグのイニングあたり得点＋失点）の平方根

勝利をひとつ増やすのに必要な得点数。一般的に勝利換算係数は10で、得点数を10で割れば勝利数に換算することができる。

【RC】

　（安打＋四球）×塁打÷（打数＋四球）

ビル・ジェイムズが開発した得点推定式。打者の本来の仕事は安打や四球を稼ぐことではなく得点を生み出すことであるという思想にもとづき、打者を創出した得点の観点から評価するのに用いることができる。

【OPS】

　出塁率＋長打率

打者の得点の生産性を評価する指標。出塁率と長打率を足すことによって四球や長打を考慮した評価を行うことができ、計算が簡単でありながら得点との相関関係が強いことが特徴。

【加重出塁率（wOBA）】

$$\frac{0.7 \times (四球＋死球)＋0.9 \times 単打＋1.3 \times 二塁打＋1.6 \times 三塁打＋2.0 \times 本塁打}{打数＋四球＋死球＋犠飛}$$

各事象に得点価値に応じた重みづけをした出塁率。打者がどれだけ得点の増加に有効な打撃をしているかを評価するのに用いられ、OPS よりも正確に得点への影響を反映する上に簡単な計算で打撃得点などの形に変換できる。

【打撃得点（BattingRuns/wRAA）】

$0.44 \times$ 単打＋$0.77 \times$ 二塁打＋$1.12 \times$ 三塁打＋$1.41 \times$ 本塁打＋0.29 $\times$ 四球＋$0.30 \times$ 死球－$0.25 \times$（打数－安打）

または

$$(加重出塁率－リーグ平均加重出塁率)÷1.2 \times (打数＋四球＋死球＋犠飛)$$

同じ打席数をリーグの平均的な打者が打つ場合に比べてどれだけチームの得点を増やしたかを表す指標。各事象に直接得点価値を掛けても求めることができるし、加重出塁率をもとにしても求めることができる。

【創出得点（wRC）】

$$打撃得点＋リーグ総得点÷リーグ総打席 \times 打席$$

打者が生み出した総得点を表す指標。計算のアプローチは違うもののビル・ジェイムズの RC と同じ意味。

【打撃傑出度（wRC+）】

$$\frac{創出得点 \div 打席}{リーグ総得点 \div リーグ総打席} \times 100$$

打席あたりの得点創出の多さを平均的な打者を 100 とした場合のパーセンテージで表す。打撃傑出度が 150 であればリーグの平均的な打者の 1.5 倍の効率で得点を生産する打者であることになる。

【レンジファクター】

$$9 \times （刺殺＋補殺） \div イニング$$

9 イニングあたりの刺殺・補殺によって野手の守備を評価する指標。

【守備得点（UZR/DRS）】

同じ出場機会を同じ守備位置のリーグの平均的な野手が守る場合に比べて防いだ失点数を表す指標。UZR と DRS は厳密には異なる指標だが基本思想は共通しており、打球の類型別に平均的なアウトの見込みを計算してそれに対するプラスマイナスで野手を評価する。

【FIP】

$$\{13 \times 被本塁打＋3 \times （与四球－故意四球＋与死球）－2 \times 奪三振\} \div 投球回＋3$$

※厳密には 3 の部分は FIP の平均値と防御率の平均値が一致するようリーグに合わせて微調整する

奪三振・与四死球・被本塁打だけから計算した「守備から独立した防御率」を表す指標。

【tRA】

$$27 \times 守備から独立した失点数 \div 守備から独立したアウト数$$

FIP をもう一歩進め、グラウンド上に飛んだ打球についても一定の分類を与えて守備から独立した防御率を計算する指標。詳細な計算

方法は第三章第六節参照。

【インプレー打率（BABIP）】

$$\frac{被安打－被本塁打}{対戦打者－奪三振－被本塁打－与四死球}$$

グラウンド上に飛んだ打球のうち安打になった割合を表す指標。投手のインプレー打率は極めて一貫性に乏しいことから、被安打は投手の責任ではないとする理論が生まれた。

【パークファクター】

$$\frac{本拠地球場での試合あたり得点＋失点}{他球場での試合あたり得点＋失点}$$

ある球場が同じリーグの平均的な球場に比べてどれだけ得点が入りやすいかを表す指標。

【平均への回帰】

極端な結果は試行回数を増やすと平均的な値に近づいていく統計的な現象。例えば打数の少ないシーズン開始当初は４割や２割など打者の打率が幅広く分布するもののシーズンが進むにしたがって平均値あたりに集まっていくことや、新人が著しく優れた成績を残した翌年に苦しむ「２年目のジンクス」は平均への回帰の例。

【勝利貢献値（WAR）】

同じ出場機会を代替可能水準（控えレベル）の選手が出場する場合に比べてどれだけチームの勝利数を増やしたか。走攻守総合して評価される点、比較基準が平均ではなく代替可能水準である点、単位が得点数ではなく勝利数である点が特徴。

著者・監修者プロフィール

蛭川 皓平（ひるかわ・こうへい）＝著

1988 年生まれ、神奈川県出身。中央大学大学院経済学研究科博士前期課程修了。野球の分析は学生時代より 10 年近くにわたり続けており、現在は税理士として都内税理士法人に勤務するかたわら株式会社 DELTA の分析業務をアナリストとしてサポートしている。セイバーメトリクスがもたらした見解、定説だけではなく理論の形成までになされた分析や議論の流れなどにも詳しい。DELTA がプロ野球球団の依頼を受けて行う分析などへの協力も多数あり、高い評価を受けている。

岡田 友輔（おかだ・ゆうすけ）＝監修

1975 年生まれ。テレビ局の中継スタッフ、スポーツデータ分析・配信会社勤務を経て、2011 年に合同会社 DELTA（2015 年に株式会社化）を設立。統計的な見地から野球の構造・戦略を探求するセイバーメトリクスを専門とする分析でプロ野球球団の編成サポートを行うとともに、アメリカで一般化しつつあった守備指標や総合指標の算出・公開など日本の野球分析を米国規格に近づけるための土台づくりにも取り組んでいる。

セイバーメトリクス入門
脱常識で野球を科学する

発行日	2019 年 11 月 20 日　初版　第 1 刷
	2020 年 1 月 8 日　初版　第 2 刷
著者	蛭川 皓平
監修	岡田 友輔（株式会社 DELTA）
発行人	仙道 弘生
発行所	株式会社水曜社
	160-0022　東京都新宿区新宿 1-14-12
	TEL 03-3351-8768　FAX 03-5362-7279
	URL http://suiyosha.hondana.jp/
装丁	若月 智之（wakatsuki.biz）
印刷	モリモト印刷株式会社

©Kouhei Hirukawa 2019, Printed in Japan
ISBN 978-4-88065-477-5　C0075

———— セイバーメトリクスの本 ————

プロ野球を統計学と客観分析で考える

デルタ
ベースボール
リポート 3

ISBN:9784880654768　A5判並製　2,000円

セイバーメトリクスの研究家たちが、様々な角度から分析するリポート集

デルタ・ベースボール・リポート 1　ISBN:9784880654317　2,000円
デルタ・ベースボール・リポート 2　ISBN:9784880654560　2,000円

プロ野球を統計学と客観分析で考える
セイバーメトリクス・リポート
〈全5巻〉

1巻〜4巻 B5判並製
5巻 A5判並製

セイバーメトリクス・リポート 1　ISBN:9784880652863　2,200円
セイバーメトリクス・リポート 2　ISBN:9784880653198　2,400円
セイバーメトリクス・リポート 3　ISBN:9784880653402　2,000円
セイバーメトリクス・リポート 4　ISBN:9784880653570　2,000円
セイバーメトリクス・リポート 5　ISBN:9784880653846　2,000円

全国の書店でお買い求めください。価格は全て税別です。